El ingeniero, los negocios y la mercadotecnia

EL INGENIERO, LOS NEGOCIOS Y LA MERCADOTECNIA

Dra. Nora Hilda González Durán
Dr. Juan Antonio Olguín Murrieta
Dr. Juan Carlos Guzmán García
Dr. Javier Guzmán Obando
M.Ed. María Elena Martínez Jarcia

Número de Control de la Biblioteca del Congreso de EE. UU.:   2018911161
ISBN: Tapa Dura   978-1-5065-2668-3
                    Tapa Blanda   978-1-5065-2667-6
                    Libro Electrónico   978-1-5065-2666-9

Para realizar pedidos de este libro, contacte con:
Palibrio
1663 Liberty Drive, Suite 200
Bloomington, IN 47403
Gratis desde EE. UU. al 877.407.5847
Gratis desde México al 01.800.288.2243
Gratis desde España al 900.866.949
Desde otro país al +1.812.671.9757
Fax: 01.812.355.1576
ventas@palibrio.com
780444

ÍNDICE

INTRODUCCIÓN.

En nuestro país, México, al igual que en el resto del mundo, la mayoría de los empleos que se ofertan por parte de las empresas, son del sector privado, y la mayor parte de estas empresas son Micro, pequeñas y medianas empresas. Sin embargo, es en este tipo de empresas donde los profesionistas formados en las aulas universitarias, tienen una mayor posibilidad de formar parte de la fuerza laboral y/o a través de sus propias empresas, hacer negocios con las mismas.

El ingeniero, es un profesionista por lo general reconocido, el cual cuenta en su conjunto de conocimientos acumulados durante su formación profesional, con un buen dominio de modelos, leyes, teorías, técnicas y procedimientos, relacionados todos con aspectos técnicos o tecnológicos de su área, para desempeñarse de manera competitiva en diferentes empresas y negocios, sin embargo en muchos de los casos, no está bien preparado para dirigir o administrar empresas propias o de otros.

De esta forma, cuando el ingeniero decide iniciar una empresa por sí mismo, hereda una posición gerencial por tratarse de una empresa familiar, o bien cuando aspira en una edad temprana a un puesto administrativo, detecta que hay conocimientos propios de la administración de una empresa, del mundo de los negocios, que desafortunadamente no forman parte de su formación principal.

Es así como este documento sin pretender modificar la formación profesional de un ingeniero, busca convertirse en un aliado del mismo, apoyándolo para un mejor desempeño de su actividad profesional. Desde una perspectiva empresarial y mercadológica que le permita eficientar aún más su trabajo.

ATENTAMENTE.

LOS AUTORES

UNIDAD I.-

La Administración y los Negocios en las Micro, Pequeñas y Medianas Empresas (MPyMes) en México.

Capítulo 1

LA IMPORTANCIA DE LA ADMINISTRACIÓN

Administración de acuerdo con Robbins (2009) es el manejo eficiente y eficaz de todos los recursos de una organización. Es conveniente entender tal como lo señala Chiavenato que las raíces de la palabra ADMINISTRACIÓN viene del latín AD (dirección, tendencia) y MINISTER (subordinación u obediencia), y significa cumplimiento de una función bajo el mando de otro, es decir uno manda y los demás deben obedecer. Administrar un negocio es fundamental, es la base de todas las demás funciones.

La tarea de administrar se sustenta en el famoso proceso administrativo, que incluye las tareas de: Planeación, Organización, Dirección y Control.

Visión Empresarial.

La visión es parte del sueño, de la capacidad de innovación del empresario. La visión consiste en primero imaginar y luego describir, el lugar donde se quiere llevar la empresa y las características como se desea esté la empresa en el mediano o largo plazo. La visión se debe redactar, es necesario escribirla y con el mayor número de detalles señalar las características del negocio, los rasgos que la harán diferente, los aspectos de producto o servicio que la distinguirán de otras. Una vez realizado lo anterior se debe compartir esa visión y dar a conocer a los posibles socios.

Más adelante la visión se debe transmitir con orgullo a los empleados, clientes y proveedores y se debe luchar todos los días por llegar a esa visión. En la visión se debe especificar los elementos claves que se pretende.

Ejemplos de una visión:

- o *"Llegar a ser la empresa de instalaciones eléctricas de alta tensión líder en el estado"*.
- o *"Ser la empresa constructora con mayores volúmenes de obra en la zona sur de Tamaulipas"*.
- o *"Llegar a constituirse como la empresa de maniobras mecánicas más reconocida en el país"*.
- o *"Construir una empresa de asesoría ambiental con las mayores utilidades en el sur de Tamaulipas"*

La Misión Empresarial.

Es la redacción del quehacer diario de la empresa, de la razón de ser de la organización. La misión lleva implícita las ideas del empresario, sus sueños, su forma de conceptualizar su negocio.

Algunos ejemplos de misión son:

- o *"Comercializar materiales para construcción con altos estándares calidad, son una profunda vocación de servicio y calidez humana"*.
- o *"Diseñar soluciones empresariales en ingeniería con alto sentido de responsabilidad, pensando en un desarrollo sustentable de sus clientes"*.
- o *"Resolver problemas de cimentaciones para equipos mecánicos con alto grado de eficiencia, calidad y profesionalismo"*.

Recomendaciones:

- o Exigir al personal que sus acciones se alineen con la misión, es decir si decimos que vamos a hacer algo con vocación de servicio, por ejemplo, y un empleado siempre hace su trabajo desganado, desmotivado, después de platicar con él, si no se cambia y se alinea con la misión lo mejor es despedirlo.

o El gran problema de las empresas es tener personas comprometidas con la misión y los valores.

Valores.

Los Valores son lineamientos de conducta o comportamiento, primero personal y luego empresarial que son considerados como ideales, deseados para todos los que integran la empresa, son las directrices de acción de los empleados, y de las cuales nadie se debe apartar; algunos ejemplos de valores son: puntualidad, calidad, servicio, honestidad, fidelidad, compromiso, respeto, etc. Los valores al igual que la visión y la misión se deben compartir con el personal y resaltar la importancia de los mismos.

Recomendación:

o El ingeniero empresario debe luchar por que los valores que implementó y comunicó su cumplan. Si se detecta que algún empleado deja de comportarse de acuerdo a los valores establecidos, lo mejor es retirarlo de la organización.

1.1.- PLANEACIÓN.

La Planeación de forma muy simple, consiste en establecer metas, plantear objetivos y definir estrategias.

Es muy difícil concebir el éxito empresarial si no hay planes, correctamente estructurados, lógicos y por escrito. La gran mayoría de las empresas exitosas trabajan con planes bien detallados. Un plan es un documento que debe redactarse, en el cual se plasman las metas, los objetivos y las estrategias, en el plan se describen los detalles de qué cosas se desean alcanzar y de qué forma se alcanzarán. El plan involucra todos los recursos que se emplearán para alcanzar lo deseado.

Cada cierto periodo de tiempo, el empresario, gerente o administrador de una empresa debe trabajar con su personal en el establecimiento de planes, revisión del plan general o plan de negocios, adecuación de los planes, entre otras cosas.

Metas.

Una meta es algo a lo que se quiere llegar o algo que se desea alcanzar. De igual forma que en las carreras deportivas: las metas son logros o sitios a los que se desea llegar.

Con frecuencia se confunden las metas y los objetivos, ya que ambos tienen similitudes. Una meta es más de mediano o largo plazo, y es más general que los objetivos.

La meta se alcanza por medio de objetivos. Un ejemplo de una meta sería: Tener utilidades al final del año por una cierta cantidad que se considere necesaria y posible de alcanzar.

Objetivos.

Un objetivo es algo que se quiere lograr pero de más corto plazo, muy específico, cuantitativo, con fecha de alcance, retador y alcanzable. Por ejemplo: Si usted se plantea como meta tener utilidades al final del año no menores de $240,000 pesos, por mencionar una cantidad, se deberá plantear objetivos de corto plazo, por ejemplo dividir el año (12 meses) en 12 objetivos y establecer como objetivos mensuales tener utilidades cada mes mayores o iguales a $ 20,000 pesos.

Los objetivos son muy específicos, en este caso utilidades mayores o iguales a $20,000 pesos por mes, es decir son muy claros, no debe dejar lugar a dudas. Son cuantificables, es decir se deben poder medir, los $20,000 por mes son medibles. Tienen una fecha de alcance, es decir cada fin de mes. Deben se retadores y alcanzables, lo anterior significa que alcanzar esa utilidad de $20,000 por mes debe representar un esfuerzo alcanzarla, pero no debe ser algo imposible para esta empresa.

Un ejemplo de algo que NO es objetivo sería: Mejorar las ventas este mes, porque no se dicen cuánto se mejoran, por tal motivo no es específico y mucho menos medible.

Estrategias.

Estrategias son las acciones que se plantean para alcanzar los objetivos. De acuerdo con Henry Mintzberg, Quinn y Voyer (1997), estrategia es una serie de cursos de acción conscientemente pretendidos a manera de guía. Existen muchos tipos de estrategias, para profundizar en el manejo de las estrategias habrá que leer algún libro especializado.

El concepto original de estrategia surgió en el ambiente militar, es decir su origen es bélico. Posteriormente el concepto de estrategia pasó a otros ámbitos.

En el ejemplo del párrafo anterior, relacionado con alcanzar utilidades mayores a $ 20,000 pesos por mes, algunas estrategias podrían ser:

o   Contratar un vendedor experto
o   Abrir un punto de ventas nuevo.
o   Establecer un bono por ventas para los vendedores.
o   Diseñar una buena promoción.
o   Buscar un segmento de mercados al cual no se le estaba vendiendo.
o   Etc.

De forma práctica podemos decir que las estrategias nos ayudan a alcanzar los objetivos, y los objetivos sirven para alcanzar las metas.

Recomendaciones:

o   Hacer el plan, mínimo, una vez al año.
o   Hacer participar a todos los jefes de área o departamento. Es importante la participación del personal, recuerde el refrán *"dos cabezas piensan mejor que una".*
o   Se debe hacer un plan para cada área de la empresa: ventas, producción, compras, calidad, recursos humanos, contabilidad, finanzas, etc.
o   Con todos los planes se integra el plan general de la empresa.
o   Todos los planes deben contribuir al alcance de las grandes metas de toda la empresa.
o   Los objetivos que se establezcan deben ser motivadores y factibles de alcanzar.
o   De una copia, por lo menos de la parte que corresponda, a cada involucrado.
o   Revise con cierta periodicidad, puede ser cada 15 días, el nivel de alcance de los objetivos. Si en el mes debo elaborar 100 mesas como objetivo, en 15 días deberemos tener al menos 50.

- o Pegue el plan en su oficina en un lugar que le permita estar recordándolo.
- o Motive al personal cuando les revise su nivel de alcance. Una palabra de aliento, una palmada de apoyo, una recomendación de cómo mejorar, una comida al mes, etc., pueden traer buenos resultados.
- o Si no se están alcanzando los objetivos, junte al personal y revise las causas. Es necesario por lo menos una vez, realizar una junta breve y objetiva para analizar los resultados que se están obteniendo.
- o Si es necesario tomar decisiones, tómelas, para eso es usted el director, gerente o administrador.
- o Lo cierto es que si las cosas no van bien, hay que trabajar más y de manera muy inteligente, recuerde que es su empresa y su patrimonio, o en su defecto es la empresa de otros que confiaron en ponerla en sus manos y no sería justo, ni profesional no cuidarla como propia.

1.2 ORGANIZACIÓN.

Henry Fayol (Theodinstitute, 2015) define el concepto de organización, desde un punto de vista verbal administrativo, como la construcción de la estructura tanto material, como social de una empresa. Lo anterior significa en desarrollar todos los elementos tanto materiales como humanos para que una empresa pueda operar. A lo antes descrito, se le denomina "estructura organizacional".

Los principales elementos de la estructura organizacional de una empresa son:

- o **El manual de organización.**
- o **El manual de políticas.**
- o **El manual de procedimientos.**

Las ventajas de tener estos manuales son:

a) Se reduce la improvisación, ya que todo está documentado.
b) Aclaran dudas sobre qué hacer en un determinado momento.
c) Permite evaluar las acciones, ya que todo está establecido como se debe hacer.
d) Ahorro de tiempo y recursos.
e) Son mejorables.

Recomendaciones:

o Redactar estos manuales, aunque sea de manera muy sencilla al inicio, con el tiempo se irán mejorando.
o Revisarlos con frecuencia, ya que las cosas cambian.

Los Manuales.

Todo manual debe tener los siguientes elementos: *1. Introducción*, que sirve para presentar el manual, *2. Índice o Contenido*, que explica todos los elementos que incluye el mencionado manual y *3.Objetivo*, para explicar que se pretende lograr con este manual. En caso de ser muy detallado el uso del manual, hay que añadir:

4. Instrucciones de Uso.

El Manual de Organización, es un documento que incluye varios elementos que son:

a).- Organigrama
b).- Departamentos o áreas.
c).- Descripciones de Puestos de Trabajo.

a).- Organigrama.

Es una representación gráfica de los diferentes niveles organizacionales, de los diferentes departamentos, de los diferentes puestos, de las relaciones de autoridad y de las demás relaciones existentes entre los puestos y los departamentos.

Considerando un ejemplo, podemos imaginar que en un organigrama puedan existir: 3 niveles organizacionales: gerente, coordinador y técnico. Adicionalmente pueden existir 3 departamentos, cada uno con un coordinador (contabilidad, ventas y servicio).

En las relaciones de autoridad: el gerente es jefe de los coordinadores, y cada coordinador es autoridad sobre los técnicos debajo de él en el organigrama. Los coordinadores mantienen una relación horizontal, es decir ninguno es autoridad del otro.

Se denomina *"Tramo de Control"* al número de subordinados que reportan de manera directa a un puesto superior.

Recomendaciones:

o Tener un tramo de control muy grande, por ejemplo ser gerente general con 15 jefes de área reportándole, se corre el riesgo de estar sobrecargado de trabajo, de convertirse el gerente general en un "cuello de botella" y perder algo de control sobre tantos puestos.
o Es mejor crear uno o dos puestos a nivel jefatura que apoyen con controlar cierto número de coordinadores de área.

b).- Departamentos o Áreas.

Como su nombre lo indica son las diferentes áreas en que se divide la empresa para facilitar su operación, algunos ejemplos de áreas o departamentos son: ventas, construcción, reparaciones, contabilidad, dirección, etc.

c).- Descripciones de Puestos de Trabajo.

Son documentos que se desarrollan con la finalidad de definir las tareas, actividades o responsabilidades de cada puesto de trabajo. Se componen de tres partes principales: los datos de la empresa y del puesto, la Descripción de Funciones y la Descripción del Perfil del Puesto de Trabajo.

a).- En los datos de la empresa se coloca: el nombre de la empresa, la fecha en que se llenó el formato, el nombre del puesto, a qué puesto le reporta y qué puestos le reportan al puesto descrito.

b).- La Descripción de Funciones incluye la relación de las principales responsabilidades, tareas, funciones o reportes que hará el titular del puesto. Incluir las funciones de manera gruesa o global.

c).- La Descripción del Perfil abarca todas las características que se exigirán a la persona que se encargue del puesto, por ejemplo: sexo, edad, estudios, dominio de idiomas, experiencia previa, estado civil, dominio de funciones, manejo de equipos y/o herramientas, habilidades adicionales, posibilidades de cambio de ciudad, características de personalidad (muy serio, muy expresivo, alegre, dominante, inseguro, etc.), y aspectos sobresalientes de su forma de ser como su facilidad de palabra, capacidad de liderazgo, trabajo a presión, proactividad,

DESCRIPCIÓN DEL PUESTO

DATOS GENERALES			
Departamento De Informática	5	General	Tampico, Tamaulipas
NOMBRE FUNCIÓN DEL PUESTO / CATEGORÍA	**NIVEL**	**No. DE PLAZA**	**ÁREA**
Tampico, Tamaulipas	Jefatura del Departamento de Informática		
DIRECCION	**JEFATURA**		
Tampico, Tamaulipas	1		
PUESTO DEL JEFE INMEDIATO	**NUMERO DE PUESTOS**		
De 7:00 a 15:00 Hrs.	Tampico, Tamaulipas		
HORARIO DE TRABAJO	**REPORTA**		

PROPOSITO GENERAL DEL PUESTO

El objetivo es integrar y coordinar los servicios aplicados en el área de informática. En la organización de un área de informática tiene que contar con el servicio de equipamiento y operación, servicio de comunicaciones y avances tecnológicos.

ORGANIGRAMA

FINALIDADES Y ROLES

FINALIDAD	ROLES

Fuente: Elaboración propia.

DESCRIPCION DEL PERIFL DEL PUESTO

Perfil de Cargo	
Estudios Requeridos	Profesional
Experiencia	10 años
Segundo Idioma	Inglés
Área	Administración
Subárea / Proceso	Comercial

Fuente: Elaboración propia.

La Plantilla de Personal.

Cuando se tiene diseñada la estructura organizacional (organigrama, departamentos o áreas y descripciones de puestos), es entonces el momento oportuno para definir la relación de personal con la cual se puede trabajar en la empresa.

Recomendaciones:

o No es necesario tener una persona por departamento, cuando se inicia una empresa una persona puede desempeñar varias funciones, ejemplo: un contador público puede hacer funciones de contabilidad, finanzas, recursos humanos, compras, crédito, entre otras funciones en una empresa pequeña o micro.

o Un buen ingeniero industrial puede hacer funciones de mantenimiento, producción, calidad, recursos humanos, manejo de almacenes, seguridad, entre otras cuando la empresa inicia y es muy pequeña.

o El secreto es definir bien las descripciones de puestos y escoger cuidadosamente al personal, investigue bien los antecedentes de los candidatos, y recuerde "no meter al enemigo en casa".

o No se recomienda contratar amigos, al menos que sean de una honestidad probada y vertical en su comportamiento. Es mejor contratar a una persona que no se conoce pero su perfil demuestra capacidad y talento, para poder exigirle adecuadamente.

El Manual de Políticas o Normas.

El Manual de Políticas o Normas, es un documento en el cual se redactan las principales políticas o normas de la organización. Se entiende por política empresarial a la forma en la cual la empresa nos establece cómo debemos hacer las cosas, son líneas de acción en la que se define lo ue se considera adecuado.

De esta manera se pueden establecer políticas generales y políticas por áreas, por ejemplo de Administración de Recursos Humanos, de Ventas, de Compras, de Crédito, de Repartos, de Seguridad, de Producción, etc.

Un ejemplo de una Política General, puede ser:

En la empresa todos los trabajadores se deben de manejar de acuerdo a los valores establecidos por la compañía.

Ejemplos de políticas de departamento:

o Toda persona que se contrate debe firmar un contrato por escrito, se debe inscribir al Instituto Mexicano

del Seguro Social e Infonavit, firmará un documento anexo al contrato con las prestaciones que recibirá, se le debe tramitar una tarjeta de débito para pagos de nómina, se le debe integrar su expediente completo, y se le debe dar a firmar su relación de funciones.
o No se puede autorizar un crédito sin revisar el buró de crédito de la persona física o moral.
o No se puede dar descuentos mayores al 10% de los precios de lista.
o El uso del uniforme de trabajo es obligatorio sin excepción.

Manual de Procedimientos.

Es un documento en el cual se presentan las secuencias paso a paso para realizar los principales procedimientos de trabajo de la empresa. En este documento se establecen las normas o estándares de los procedimientos de trabajo.

Los procedimientos se pueden redactar de dos maneras:

o Como instrucciones descriptivas, ordenadas cronológica y secuencialmente.
o Por medio de flujo-gramas o diagramas de flujo.

Procedimientos como instrucciones descriptivas, ordenadas cronológica y secuencialmente.- Un ejemplo de esta forma de redactar un procedimiento pudiera ser el procedimiento de atención en una caja de supermercado.

Procedimiento de Atención en una caja de supermercado

1. Saludar al cliente: Buenas días, tardes o noches según el caso.
2. Preguntar: ¿Puedo empezar a cobrar?

3. Empezar a pasar artículos por el lector óptico.
4. Preguntar: ¿Encontró todo lo que buscaba?
5. En caso de negativa preguntar y anotar el artículo no encontrado.
6. Ofrecer la oferta del mes.
7. Preguntar: ¿Es todo lo que se desea le cobre?
8. Preguntar: ¿De qué forma va a pagar?.
9. Cobrarle.
10. Darle su recibo y feria.
11. Ayudar al empacador a embolsar los artículos.
12. Agradecer la compra.

1.3 DIRECCIÓN.

La tercera etapa del proceso administrativo es la dirección. De acuerdo con Koontz y O'Donnell, dirigir es la función ejecutiva de guiar y vigilar a los subordinados. Dirigir es hacer que los subordinados cumplan las funciones que se planearon y que se les encomendaron en la organización del trabajo, vigilando el apego a las normas y estándares de calidad de la empresa.

Haciendo una analogía, una empresa sin dirección, es como un barco sin capitán, un restaurante sin cocineros o una iglesia sin padres, ministros o pastores, es decir es pensar que falta la cabeza o autoridad. La persona que dirige una empresa debe tener mucho cuidado con el manejo del personal, recordar que las personas todos somos diferentes, los seres humanos somos sensibles, por tal motivo debemos cuidar nuestro vocabulario al hablar.

Existen algunos principios de la Administración (Alto Nivel, 2015) básicos para el momento de dirigir, por ejemplo:

Unidad de mando: Es el principio de que un subordinado sólo debe tener un superior ante quien es directamente responsable.

División del Trabajo: El principio de que los trabajos que llevan varias etapas o procesos se deben hacer entre varias personas.

Autoridad: Los derechos inherentes a una posición gerencial de dar órdenes y esperar que se obedezcan.

Disciplina: Cada miembro de la organización debe respetar las reglas de la empresa, como también los acuerdos de convivencia de ella.

Orden: Todos los materiales, equipos, herramientas y personas, así como todas las cosas deben estar en el lugar que les corresponda.

Trabajo Colaborativo: También denominado, trabajo en equipo, se debe promover el apoyo y trabajo de todos, los logros son de todos, no se puede permitir que alguien esté teniendo problemas en su trabajo y los demás solo lo estén viendo. Debe enseñarse a que los empleados deben interactuar unos de la mano de otros.

Teoría de la Aceptación de la Autoridad.

Existe una teoría denominada "Teoría de la Aceptación de la Autoridad" (Robbins, 2004), en la cual el administrador, ejecutivo estadounidense y estudioso del comportamiento organizacional Chester Barnard, rompe el paradigma relacionado con el hecho de que la obediencia a una orden depende de la persona que la daba, cambiando el enfoque al proponer que la obediencia depende de la interpretación de la orden de la persona que la recibe.

TEORÍA DE LA ACEPTACIÓN DE LA AUTORIDAD

Proviene de la disposición de los subordinados a aceptarla.

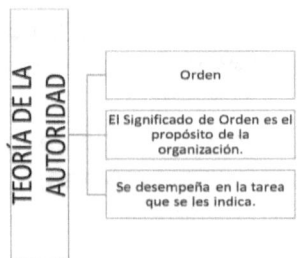

Fuente : Elaboración propia.

Recomendaciones:

- Es conveniente conocer a las personas e identificar los elementos que las motivan.
- Hablarles a los empleados por su nombre de ser posible, no poner apodos, no gritar, no insultar, no utilizar palabras agresivas, se debe ser muy claro con las instrucciones que se dan.
- Si es necesario que la gente se quede más tiempo, recompénseles el tiempo que se quedan con otro tiempo ("tiempo x tiempo"), un día o medio día de descanso por ejemplo. El empleado aborrece al jefe abusivo y ventajoso.
- Al trabajador que haga un esfuerzo importante, hay que reconocérselo, con algún bono, alguna palmadita, alguna mención especial, algún estímulo, etc.
- Verifique que las instrucciones fueron entendidas.

- ○ Utilice un lenguaje sencillo y claro, hable despacio cuando da instrucciones.
- ○ Cuando el empleado hable, usted de favor, guarde silencio, aprendamos a escuchar.
- ○ Practicar el *parafraseo de las instrucciones*, como técnica de comunicación humana, es decir pedir al subordinado que repita la instrucción que se le dio para detectar si hubo desviaciones.
- ○ Ser respetuoso y educado al mandar, no es sinónimo de que las instrucciones no serán obedecidas.
- ○ Si después de dar instrucciones, algún empleado desobedece en forma intencionada, es mejor deshacerse de ese empleado.
- ○ El que dirige debe mandar con el ejemplo, no podemos pedir puntualidad con impuntualidad, no podemos pedir disciplina con indisciplina, etc.

1.4 CONTROL

La última etapa del proceso administrativo (columna vertebral de la Administración), es el control. El control es el conjunto de actividades obligadas a realizar, con la finalidad de garantizar que el estado final de lo realizado se apegue a lo que se planeó. De acuerdo con Rodríguez (2008) la palabra control tiene varios significados, inclusive tiene varios sentidos: a) verificar, b) regular, c) comparar contra una norma, d) ejercer autoridad sobre algo o alguien, e) limitar o restringir, f) supervisar.

Existen muchas connotaciones de la palabra control, pero para fines administrativos, entendemos como el proceso de control a las acciones de verificar, constatar, palpar, medir, si la actividad, proceso, unidad, elemento o sistema seleccionado está cumpliendo y/o alcanzando o no los resultados que se esperan. El proceso de control es muy importante, ya que no al no existir podemos pensar que tendremos un "descontrol", algo no deseado en ninguna empresa, ni etapa de la vida.

El proceso de control.

El proceso de control sigue una serie de pasos, tal como lo señala el diagrama siguiente:

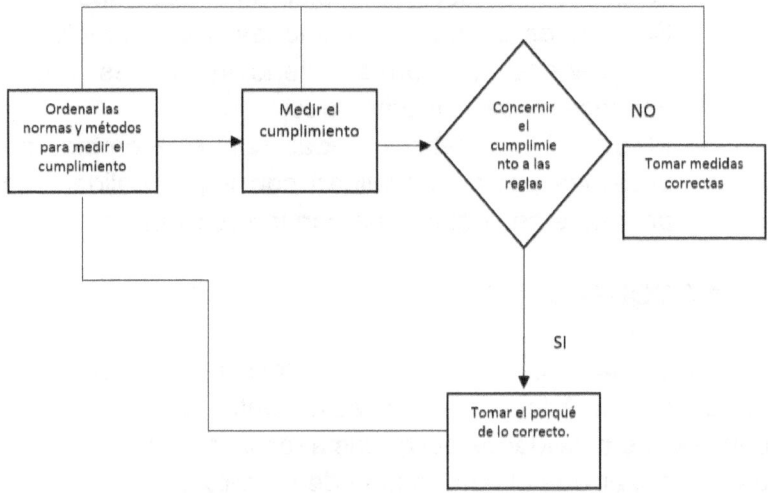

Fuente: Elaboración propia.

a) **Establecer estándares o normas** es definir cómo deberán ser todas las características, incluyendo los detalles más finos de lo que se realizará.

b) **Medición de resultados,** su nombre lo explica en sí, es medir y evaluar cada una de las características y detalles más finos de lo que se realizó.

c) **Comparar**, es enfrentar cada una de las características de los realizado con cada uno de los estándares preestablecidos, e identificar desviaciones.

d) Acciones correctivas, es implementar las acciones que sean necesarias que corrijan las desviaciones que se hayan presentado durante la etapa de comparación.

Costos del Control.

Es muy importante no tener un control excesivo, ya que puede elevar los costos (inadecuado en momentos tan competitivos), puede burocratizar los procesos, es decir hacerlos tardados e ineficaces, pero definitivamente debe existir sólo el control estrictamente necesario.

Técnicas de Control.

Existen diferentes técnicas de control dependiendo de los recursos, lo anterior se muestra en la tabla siguiente:

No.	Tipo de Elemento a Supervisar	Técnica de Control Sugerida
1	Recursos Humanos	Medición del Trabajo
		Evaluación del Desempeño
		Contabilidad Recursos Humanos
2	Recursos Financieros	Presupuestos
		Análisis del Punto de Equilibrio
		Técnicas de Valor Presente
		Análisis de Costo-Beneficio
3	Recursos Materiales	Control de Inventarios
		Control de Calidad
		Programación (Gráficas de Gantt, modelos de Redes).
4	Resultados Departamentales	Supervisión de Objetivos alcanzados vs los objetivos planeados.
		Supervisión de indicadores pre-establecidos.
		Técnicas para disminución de riesgos

Fuente: Elaboración propia.

Estas técnicas son utilizadas para mantener un efectivo y completo sistema de control.

1. Observación personal. Es una técnica utilizada por todos los niveles gerenciales, es relativamente fácil de emplear.

2. Los informes o Reportes. Por lo general son de forma escrita, su finalidad es proporcionar información que sirva de base a una acción correctiva. **Ejemplo:** Reportes de ventas, de asistencia, de puntualidad, de no conformidades, de ventas pérdidas, de faltantes, etc.

3. Programas de auditoría.

Generalmente se manejan tres opciones: la auditoría externa, auditoría interna y la auditoría administrativa.

La auditoría externa es desarrollada por un despacho de contadores externos que revisan la exactitud de los registros contables.

La auditoría interna es desarrollada por contadores de la propia empresa y tiene los mismos objetivos que la auditoría externa.

La auditoría administrativa. Esta revisión la efectúan profesionales con amplio conocimiento de la administración y busca evaluar la actuación administrativa en general.

Recomendaciones:

o Para supervisar al personal, es conveniente hacerlo en forma aleatoria, es decir variar los días, las horas, etc. Ya que el empleado se comporta bastante bien cuando sabe que lo observan o conoce los horarios en que lo supervisan.

- o Hacer una guía de los principales controles o reportes que es conveniente pedir a cada una de las áreas de la empresa, ejemplo: Reporte de Ventas, Control de Ingresos Diario, Saldos en Chequeras, Pagos pendientes, Flujo de Efectivo, Control de Vacaciones del personal, etc.
- o Pedir esos controles y revisarlos.
- o Es conveniente recurrir a compradores o visitantes misteriosos que uno mismo puede preparar, para verificar el comportamiento de los empleados en diferentes áreas.
- o Actualmente las cámaras con conexión a internet dan un buen nivel de seguridad y capacidad de observación de los empleados.

Capítulo 2

LA CAPACIDAD DE NEGOCIACIÓN

Hemos visto los planes de estudio de las carreras de Ingeniería en casi todas sus ramas: Civil, Industrial, Computación, Mecánica, etc. y en todos hay un conjunto de asignaturas que propician que el alumno *sepa* y *pueda* hacer un trabajo "técnico". Esto es bueno, pero no es suficiente. Se le enseña al alumno a realizar todos los requerimientos técnicos para construir una casa-habitación, a definir todos los diagramas de flujo y plataformas computacionales para la aplicación de inventarios, por mencionar solo dos cuestiones. Pero no se les enseña a que esos trabajos "técnicos", alguien se los compre.

Lo anterior significa que con los actuales planes de estudios de las ingenierías, los alumnos aprenden, y en el plano más positivo, aprenden bien a ejecutar un trabajo "técnico", pero en ningún caso se les enseña a *conseguir* ese trabajo. Entonces soy capaz de diseñar y construir un casa-habitación, pero soy incapaz de hacer que alguien me la compre. Soy capaz de diseñar y programar una aplicación de inventarios, pero soy incapaz de lograr que alguien la compre. Los alumnos son capaces de hacer muchas cosas pero, que no saben quién las necesita ni cuál es su valor en el mercado. Esto es catastrófico. Que un alumno sepa hacer muchas cosas que están despegadas de la realidad es muy lamentable.

¿Cómo hacer para que una persona me compre algo que yo diseñé, algo que yo fabriqué, algo que yo programé? *Bueno, es que yo soy ingeniero, no soy un vendedor.* Esta afirmación nos muestra no una miopía, sino una ceguera total. Hay que ser capaz de visualizar el fin último de nuestro trabajo y sobre todo que dicho trabajo a alguien le haga falta o a alguien le guste. Si el trabajo que realizamos a nadie le gusta o a nadie le hace falta, ¿para qué lo hacemos? ¿Para ganarnos un diploma? ¿Para poner ese producto en un nicho y prenderle veladoras? Claro que no. Lo que hacemos debe de poder venderse. Venderse. Venderse.

Ser vendedor no es una actividad propia de los ingenieros, por supuesto que no. Es una actividad propia de todas las carreras. Todos debemos ser capaces de vender. Todos. Absolutamente todos. Pero para poder vender, debemos saber cómo negociar. Cómo decía Chester Karrass, gurú de la negociación, *Nadie tiene lo que se merece, pero todo mundo obtiene lo que es capaz de negociar.* (1)

Negociar es el nombre del juego. En un mundo actual tan competitivo, donde la rivales se multiplican, donde los clientes exigen más y más, y los cambios son cada vez más frecuentes, no es necesario saber negociar, es indispensable el saber hacerlo. Y esto aplica también para los ingenieros.

Conceptos esenciales.

Primero habremos de definir que es la negociación. Muchos podrán decir que equivale a "echar un rollo" o a "tirar un buen verbo". Nada más equivocado. Negociar no equivale a ser un merolico. Negociar es una actividad racional, inteligente y sobre todo, ética. La negociación no es improvisada, es planeada. Se basa en la información y no mucho en la intuición. La negociación es una actividad que se debe de preparar con anticipación y que se debe de ejecutar con precisión.

Definición de Negociación.

La negociación es un proceso de interacción, en donde las partes involucradas, a través de mecanismos de persuasión e influencia, son capaces de llegar a acuerdos que los satisfagan de manera equitativa. (2).

Esta definición es amplia y la discutiremos parte por parte:

Es un proceso de interacción, significa que estaremos en contacto con otra parte, que tendremos que *comunicarnos* con personas, que es una actividad dinámica donde el contacto es muy importante y deberemos de cuidar las formas de comunicación, tanto verbales como no-verbales.

A través de mecanismos de influencia y persuasión, implica que cada parte va a poner todo su saber y experiencia en juego para tratar a convencer a la otra a que haga lo que la primera desea. Es decir hay que tener la capacidad de convencer al otro de que lo que yo le propongo es benéfico y justo para ambos.

Llegar a acuerdos que los satisfagan de forma equitativa, quiere decir que negociar no es destruir a la otra parte, no significa que lo vamos a derrotar, no se trata de vencerlo sino de convencerlo, pero de manera ética. Una buena negociación, por definición, deja a ambas partes satisfechas. Si yo "gano" una negociación, pero que gané un enemigo, no se puede decir que fue una negociación exitosa, ni mucho menos. Ambas partes deben de quedar si no al 100% satisfechas, si en una gran medida.

De acuerdo con esto, negociar implica un gran trabajo, que requiere de ciertas habilidades por parte del negociador. Estas habilidades se pueden dividir en dos categorías: Analíticas y Comunicativas.

Habilidades Analíticas.

Son aquellas que se refieren a las capacidades intelectuales que debe de tener el negociador para esta actividad. Entre estas podemos mencionar las siguientes:

Obtener información.

Vamos a ver más adelante que la información juega un papel primordial en la negociación, por lo tanto un buen negociador debe de ser capaz de obtener toda la información que se requiera para una buena negociación. Esto significa que el negociador debe de saber cómo investigar.

Empatía.

Esta habilidad se refiere al saber pensar como la haría la otra parte. Es decir, es el "ponerse en los zapatos del otro". Entender a los demás, poniéndose en su lugar, es una habilidad muy importante que debe de poseer el negociador.

Planeación.

Esta habilidad analítica implica que el negociador no puede improvisar, aun mas, no debe improvisar. Se deben de fijar los objetivos, las metas, las estrategias y las prioridades por anticipado. El negociador debe de planear, de preparar su negociación, y jamás debe de "hacer las cosas sobre la marcha". Mientras mejor planeemos la negociación, mejores cosas podremos obtener de ella.

Innovación.

La innovación es hacer cosas distintas, diferentes, de preferencia únicas. Si somos capaces de sorprender a nuestro oponente con alternativas innovadoras, con opciones diferentes, seguramente podremos lograr nuestras metas de manera más simple. Si nos limitamos a "regatear" como lo haría cualquier merolico, obtendremos solo migajas.(3).

Habilidades comunicativas.

En definitiva, un negociador debe de ser, para comenzar, un excelente comunicador. Entre las habilidades comunicativas que debe de poseer el negociador están las siguientes:

Saber escuchar.

Recordemos que Dios nos dio una boca para hablar menos y dos oídos para escuchar más. Escuchemos de manera atenta y concentrada. Escuchemos "entre líneas", hagámoslo con atención, con interés. Mientras más y mejor escuchemos, mejores ventajas tendremos a la hora de negociar.

Saber preguntar.

Seamos capaces de hacer preguntas interesantes, importantes con las que podamos "sacarle la sopa" a la otra parte. No hacer preguntas obvias, sino aquellas que nos arrojen información sobre el tema de la negociación. Para esto, hay que preparar las preguntas y el momento en que podemos hacerlas.

Cuidar las formas de lenguaje.

Hay que recordar que la comunicación no tan solo es verbal. Cuidemos la comunicación no-verbal: cómo nos vestimos, el tono de voz, la postura, nuestra apariencia personal, la puntualidad de la reunión, etc. Tenemos que estar conscientes de que, siempre estamos comunicando algo, aunque no estemos hablando.

Tener control emocional.

Como se mencionaba anteriormente, hay que cuidar la comunicación no-verbal, la falta de control emocional puede comunicar algo a la otra parte que lo lleve a tener una ventaja sobre nosotros.

Saber persuadir.

Hay que saber argumentar, presentar ofertas y hacer algunas concesiones que sean capaces de convencer a la otra parte para que acepte lo que nosotros queremos. Persuadir no significa "echar rollo" sino tener una argumentación lógica, sencilla y razonable que haga ver a la otra parte de que nuestra oferta es conveniente para ambos.

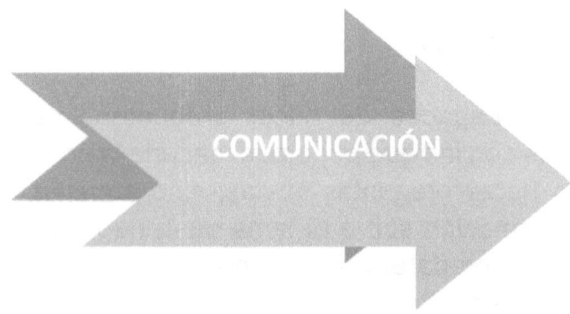

Fuente: Elaboración propia.

La Negociación Profesional.

Negociar no es una actividad improvisada, ni "tener un buen verbo", por el contrario es una actividad racional, inteligente y planeada. Esto significa que se debe de hacer de modo profesional. La negociación profesional se fundamenta en un estilo y un método que deben seleccionarse antes de realizar propiamente el trabajo de discutir con la otra parte. El estilo se refiere al modo *personal* de negociar, es decir, depende de la personalidad del negociador, mientras que el método se refiere a los *pasos ordenados* que deben de seguirse para llevar a cabo dicha negociación.

Estilos de negociación.

Aunque hay diversos estilos personales para negociar, vamos a señalar solamente tres que son los más relevantes: el estilo orientado a la posición, el estilo orientado a los intereses y el estilo integrador.

Estilo orientado a la posición.

Este estilo es aquel en que la negociación se tomó como algo "personal", es decir se confunden los aspectos de negocios con los aspectos personales, trayendo una situación muy difícil de sobrellevar. Lo que se pretende con este estilo es que se preserve nuestra posición personal, no tanto que se alcance un buen resultado en la negociación. En este estilo hay dos posiciones diametralmente opuestas: la posición *blanda* y la posición *dura*.

En la primera, lo que se pretende es que al final de la negociación, "todos quedemos como amigos". Es decir, el blando acepta prácticamente todo lo que le pidan u ofrezcan, para no ganarse enemigos, según él. Por el contrario, el duro desea ganar la negociación por sobre todas las cosas, sin importarle pasar por encima de la otra parte o hacer uso excesivo del poder. Su meta es derrotar al contrario, no obtener un buen resultado en la negociación.

Como se puede ver, un estilo orientado a la posición no resulta muy conveniente si queremos llegar a un resultado conveniente, aunque no podemos pasar por alto que al final de cuentas, la negociación se hace entre personas, con todas sus virtudes y defectos.

Estilo orientado a los intereses.

En esta orientación, se hacen a un lado las posiciones personales y se hace énfasis en los intereses y objetivos que se pretenden lograr en la negociación. Como dice Donald Trump, conocido magnate de los bienes raíces, "It´s nothing personal, just business". Esto significa que al negociar no se miran personas, se miran problemas, se miran situaciones y se miran metas que desean alcanzarse.

Este estilo define diferentes opciones antes de que se llegue a una decisión final, que se hace en función a un criterio objetivo, de preferencia cuantitativo que esté alejado de cuestiones subjetivas.

Este estilo es sustancialmente mejor que el estilo orientado a la posición ya que es bastante más objetivo y enfrenta aspectos profesionales, de negocios y no ve asuntos de tipo personal.

El estilo integrador.

Este estilo engloba los aspectos positivos de los anteriores y se basa en los siguientes principios:

- Definición de los objetivos que deben guiar nuestra actuación.
- Tener atención al proceso negociador.
- Orientación a un resultado eficiente.
- Planear antes de cualquier acción.
- Manejar las formas de comunicación.
- Orientación ética.

De estos principios, se puede ver que este estilo es racional, se basa en información, en la planeación y en los objetivos, hace uso de una buena comunicación y tiene una orientación ética.

Sobre este punto abundaremos. Lamentablemente en México el concepto de Inteligencia no es entendido por muchas personas, no todas aclaro, como "la capacidad de *dañar* al prójimo" (4). Esto quiere decir es que mientras más capaces seamos de hacer daño a los demás, somos más inteligentes. Esta posición contradice a la definición de Negociación que se mencionó anteriormente: "... de llegar a acuerdos que los satisfagan de manera equitativa." La orientación ética implica que no debemos ser "inteligentes" al estilo mexicano, sino que debemos procurar que ambas partes salgan beneficiadas, al menos parcialmente.

Recordemos que ser ético significa que "hagas lo que es correcto aunque nadie se dé cuenta de ello". Alguien podría decir que las personas mexicanas "inteligentes" generalmente llegan de un modo más rápido y fácil a la meta, que una persona ética. Esto es falso. Lo que ocurre es que los "inteligentes" y los éticos están corriendo en *diferentes* carreras. (5).

Comportarse de manera ética, practicando los valores universales, debe de ser un principio fundamental al entablar cualquier negociación.

El método para la Negociación Profesional.

Seguramente hay algunos y diversos métodos que sirvan para llevar a cabo una buena negociación. Sin embargo, la mayoría coincide en tres pasos básicos y fundamentales para realizarla de un modo efectivo. Estos pasos son la Preparación, la Discusión o Debate y el Cierre.

Los tres pasos son muy importantes, el primero implica todas las actividades que se deben hacer antes de la discusión; el segundo es el momento de la verdad, cuando ejecutamos todo lo que preparamos antes y el tercero es la culminación de nuestro trabajo de negociación. Por su importancia se tratarán en unidades por separado.

La Preparación.

Para muchos esta es la etapa más importante, ya que aquí se visualizan todas las actividades que se llevarán a cabo durante todo el proceso. Sus aspectos más importantes son los siguientes:

a) Obtención de la información.

Llegar a la discusión sin la información adecuada sería tanto como desear perder la negociación. De hecho, la negociación gira alrededor de la información que se posea, no se puede negociar de modo efectivo sin información. Esta información puede clasificarse en tres segmentos: la información de la otra parte, la información sobre aspectos técnicos y la información de otros aspectos influyentes.

Información de la otra parte.

Se debe de conseguir toda la información sobre la empresa con que vamos a negociar: antecedentes históricos, sus fundadores, su permanencia en el mercado, sus principales clientes, sus competidores más fuertes, sus proveedores importantes, su posición en el mercado, sus principales logros y aciertos, sus desventajas frente a su competencia, su nivel de ventas, etc. Es decir se debe de tener un expediente completo de la organización con quien vamos a negociar.

Pero no es todo, si vamos a negociar, lo haremos con una persona, no con un edificio. Por lo tanto, también deberemos obtener información sobre la persona con quien tendremos contacto en la negociación: su profesión, su antigüedad en la empresa, su estado civil, nombre y actividad del (a) esposo (a), edad, sexo, su historial laboral, etc. También, se debe de tener un expediente amplio sobre esta persona.

Información de los aspectos técnicos.

Si se va a negociar sobre Computación, se debe de tener información sobre procesadores, memorias, sistemas operativos, plataformas de computación, routers, hubs, redes, etc. Si se va a negociar sobre Calidad, se deben conocer las normas ISO, el mapeo de procesos, los procedimientos, etc.

Es decir, el negociador debe de contar con toda la información del "tema técnico" sobre el cual se va a negociar. Jamás se podrá negociar sobre un aspecto técnico que se desconozca, independientemente de que a nadie gusta negociar con ignorantes.

Otros aspectos influyentes.

Hay tres elementos adicionales sobre los que se debe estar informado: el tiempo, el poder y el contexto. En cuanto al tiempo y al poder, se hablará más al respecto en la unidad posterior, solo se mencionará por el momento que jamás se debe de tener al tiempo como enemigo. Es decir, jamás se debe de negociar con prisa; la presión del tiempo siempre actúa en nuestra contra: vendemos barato o compramos caro.

En cuanto al poder, debemos saber el poder que tiene nuestro oponente y analizar cómo nos podemos defender de él a través del poder que nosotros tengamos. Conocer nuestro poder y el de la otra parte es esencial a la hora de negociar. Los tipos de poder se examinarán más adelante.

En cuanto al contexto, hay que saber si estamos hablando de un permiso que se pedirá, o de una solicitud de aumento de sueldo, o de una compra-venta o de un arreglo sobre un divorcio, etc. Conocer el contexto de la negociación también es vital para terminar ésta con éxito.

b) La Planeación.

La planeación es fijación de nuestros objetivos y de la manera en que pensamos que podemos conseguirlos. Esta etapa consiste en los siguientes puntos:

Definición de los objetivos.

Tenemos que saber que es lo deseamos alcanzar de la negociación, y saberlo de manera precisa y concreta, de preferencia de un modo cuantitativo.

Y aun mas, se debe de determinar hasta donde vamos a llegar con tal de conseguir dichos objetivos, es decir, hasta donde vamos a ceder con tal de alcanzarlos.

Un pedido de productos para todo el año, un crédito por noventa días, un permiso por 3 días, un aumento de sueldo del 20%, un descuento del 15% sobre el precio de lista, ver a los hijos durante el sábado y el domingo de cada semana son ejemplos de objetivos.

Definición de opciones creativas y múltiples.

Las opciones son posibles acuerdos o soluciones parciales para un posible acuerdo. Dichas opciones deben de ser novedosas, creativas, diferentes y de preferencia, únicas. Entre los métodos para la generación de opciones creativas están el *Brainstorming*, el método de las W, el SCAMPER y algunos adicionales.

La lluvia de ideas o Brainstorming es muy socorrido, y se trata de plantear todas las ideas por absurdas o tontas que parezcan y someterlas a un proceso de tamizado hasta que queden solo las más relevantes. El método de las W, consiste en preguntarse ante cada opción, el Qué (What), el Dónde (Where), el Cuándo (When), el Por Qué (Why), el Quién (Who) y el Cómo (hoW).

El **SCAMPER** es el acróstico de las siguientes actividades que pueden hacerse ante cualquier alternativa:

Sustituir   Modificar   Reordenar
Combinar   Para otros usos
Adaptar   Eliminar

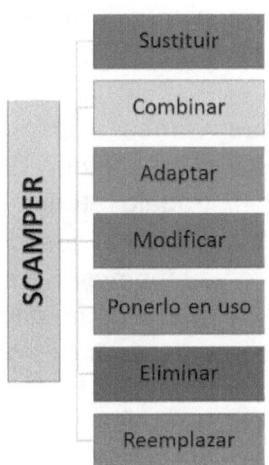

Fuente: Elaboración propia.

El sorprender a la otra parte con opciones que sean diferentes a las que él haya visto anteriormente, puede ser contundente a la hora de negociar.

Normas justas y equitativas.

Como se mencionó en la definición de Negociación, los acuerdos deben ser equitativos y para que esto se logre, deben de plantearse normas de decisión que sean justas para ambas partes. Esto no significa que seamos "buenas gentes" o que tomemos una posición blanda, solamente que haya justicia para todos. Por eso es prudente que las decisiones se tomen con criterios cuantitativos.

*Definición de nuestro **BATNA**.*

Es muy probable que eventualmente no podamos alcanzar totalmente nuestro objetivo, ¿qué hacer entonces? Bueno, una regla fundamental en cualquier negociación es llegar a ella con alternativas. Esto significa que si no se logra la meta deseada, al menos se puede lograr una meta alterna, pero lograr algo al fin.

Supongamos que vamos a pedir un empleo, pero actualmente estamos ya trabajando en una empresa. Lo que pretendemos es un trabajo retador y mejor remunerado. ¿Qué pasa si no conseguimos el nuevo empleo? ¡Pues nos quedamos con el que ya tenemos! De este modo podemos negociar mejor con la nueva compañía, porque al fin y al cabo tengo la alternativa de quedarme con el empleo actual.

Pero qué pasaría si no contáramos con un empleo actual, pues tendríamos que aceptar las condiciones y sueldo que nos ofrecieran, ya que tenemos la necesidad de trabajar y no tenemos otra alternativa. Por lo tanto, el negociar con alternativas siempre significa tener una ventaja.

De todas las alternativas que podamos tener, existe una que es la mejor, aparte del objetivo que deseo alcanzar, a esta se le llama BATNA:

Best **A**lternative **T**o a **N**egociated **A**greement.

EL BATNA
BEST ALTERNATIVE TO A NEGOTIATED AGREEMENT
EL BATNA es el piso, entonces el precio de aspiración es el techo, es la mejor opción que tiene cada parte y debe ser el mínimo que debemos aceptar.
EL BATNA es muy peculiar. En primer lugar es dinámico: cambia todo el tiempo.
EL BATNA es psicológico. La gente es impredecible y como es humana tiene
Sentimientos y no siempre actúa en forma racional.

Fuente: Elaboración propia.

Tal vez no pueda conseguir el pedido para todo el año, pero un pedido de 8 meses podría ser atractivo. Probablemente no obtenga que me compren una Lap-top, pero sí un Smartphone. Por lo tanto, es indispensable contar siempre con un BATNA cuando vayamos a negociar.

Diseño de propuestas.

Una propuesta es una *oferta específica* que ponemos sobre la mesa para *hacer avanzar* la negociación hacia el acuerdo. Es conveniente tener previsto el momento adecuado para presentar las propuestas, de forma que contemplemos:

- Propuestas de apertura

- Propuestas durante el desarrollo de la negociación

- Propuestas de cierre.

Las propuestas no pueden improvisarse en el momento de la discusión, deben de prepararse de antemano, visualizando lo que la otra parte, siendo empáticos y utilizando la información sobre ella que ya hemos obtenido con anterioridad.

c) Determinación de tácticas.

En lo que se refiere a las tácticas, deben de considerarse el contexto en que se desarrollarán las rondas de negociación: Espacio, Tiempo y Organización.

Dependiendo del tipo de negociación y con quién vayamos a hacerlo, debemos de valorar si es conveniente celebrar las reuniones en nuestro terreno o preferimos ir al terreno de la otra parte. Si ninguna nos satisface, se puede optar por reunirnos en algún lugar neutral. No se puede abordar de igual modo una negociación que se prevé de un desenlace rápido que para otra que se puede anticipar que será bastante prolongada.

Se debe de considerar en la agenda de negociación, los recesos o pausas que se consideren necesarios. Como se ha demostrado científicamente, los recesos deben de ir acompañados de café y galletas, ya que ambos activan súbitamente el nivel de azúcar en la sangre.

Los elementos que se refieren a la organización del proceso de negociación son:

- Las Reglas de actuación, a las que habrán de ajustarse las partes.
- La Orden del día o Agenda, que se pretende cubrir durante el proceso.
- El Equipo de Negociación, en caso de que ambas partes tengan mas de una persona que vaya a intervenir en el proceso.
- Identificación de autoridad, es decir hasta qué nivel pueden las partes tomar decisiones respecto al tema de la negociación.

d) Atención a la Comunicación.

En este renglón se van a plantear solo aquellas situaciones en que la comunicación tenga un aspecto esencial que afecte de manera radical el proceso de la negociación.

Cuando hay dificultades en la estructura.

Sucede cuando hay una alta probabilidad de que el diálogo va a perder su estructura, diluyéndose cada vez mas en vías de discusiones colaterales, confusión y vueltas hacia atrás para reabrir cuestiones ya tratadas.

Las condiciones que la propician son: la escasa preparación de la negociación por alguna o ambas partes, que haya negociadores poco competentes en el uso y control del lenguaje, o que se tenga un equipo de negociación poco coordinado o mal dirigido.

Se recomienda una estrategia centrada en los siguientes puntos:

- Reforzar y respetar el papel del conductor de la negociación.

- Formular "preguntas-guía", en forma ordenada y sintética.
- Tomar nota del avance o retroceso.
- Recapitular y proponer cierres parciales.

Cuando las negociaciones son emocionalmente difíciles.

Algunas veces la negociación puede fracasar por las emociones que una o ambas partes muestren a lo largo del proceso.

Los factores de riesgo pueden ser: que la relación previa entre las partes haga inevitable que en sus encuentros aparezcan respuestas emocionales de gran intensidad, que el objeto de la negociación no sea meramente material y neutro para una o ambas partes o, que la comunicación empleada por alguien esté cargada de valores e implicaciones personales.

La estrategia recomendada se basa en los siguientes puntos:

- Elegir a negociadores "no-implicados" para dialogar en representación de los afectados.
- En caso contrario, preparar con cuidado los criterios de legitimidad, que eviten la subjetividad.
- Negociar en equipo.

Negociaciones culturalmente difíciles.

Actualmente, cada vez es más frecuente que se hagan negociaciones internacionales e interculturales, por lo que es necesario prever posibles problemas y malentendidos.

Existen problemas derivados de la necesidad de negociar en idiomas que no dominamos o en países y entornos que nos son ajenos. Se recomienda una estrategia que contemple las siguientes acciones:

- Informarse previamente de las peculiaridades y costumbres de la otra parte.
- Observar una cuidadosa preparación de contenidos, frases breves y bien construidas.
- Apoyar la comunicación con elementos gráficos, audiovisuales y escritos, que hagan la comunicación más relajada y eviten los malentendidos.
- Cuidar especialmente los elementos no verbales del lenguaje.
- Evitar valoraciones categóricas ante hechos que para la otra parte puedan tener connotaciones diferentes.
- Particularmente, preguntar mucho y escuchar con atención y respeto desde una postura sin prejuicios.

La Discusión.

Como ya se mencionó anteriormente, la etapa de la discusión es el momento de la verdad, cuando se va a poner en práctica todo lo que se planeó. Es pues, una etapa muy importante donde se pondrán en juego tanto las habilidades analíticas como las habilidades comunicativas de los negociadores.

a).- Elementos necesarios para una discusión efectiva.

Existen algunos elementos que son importantes para que se dé una buena discusión:

Hablar en forma explícita.

Hay un error que jamás se debe*: suponer.* La suposición es la madre de todos los errores. Seamos explícitos, claros y específicos.

Ser pacientes y dejar hablar a la otra parte.

Usemos más los oídos que la lengua. Mientras más hable el otro, más información podremos obtener y mientras menos hablemos nosotros, nos podremos equivocar con menos facilidad.

Mostrar comprensión a sus intereses.

Si podemos atender a los intereses de la otra parte sin menoscabo de los nuestros, ambas partes podremos salir ganando. Finalmente, lo que se desea es que todos lleguemos a unos acuerdos que nos beneficien equitativamente.

Tomarse el tiempo que sea necesario.

No debemos dilatar las decisiones, pero tampoco debemos de decidir sin la información necesaria; no actuemos con premura, no tengamos al tiempo como un enemigo.

Compartir información en forma selectiva, recíproca y progresiva.

Es claro que en la discusión habremos de compartir la información que poseemos, pero compartamos solamente la que sea necesario compartir y siempre a cambio de una información que la otra parte nos proporcione. La información, adicionalmente debe de compartirse poco a poco, no toda en una sola emisión.

Pensar en el abanico de opciones.

Ya se mencionó antes, vayamos a la negociación con diversas alternativas, con nuestro BATNA, de este modo podremos hacer una mejor negociación.

Realizar propuestas.

Las propuestas se requieren para poder hacer avanzar el proceso, sin embargo hagamos propuestas que nos beneficien y estén alineadas con nuestros objetivos. Proponer sin ton ni son nunca será favorable.

Calibrar las concesiones.

Hay que estar muy conscientes de lo que se va a conceder; no hagamos una concesión de modo indiscriminado, hay que medir, hay que calibrar cada concesión que se haga y visualizar que es lo que se puede obtener a cambio de dicha concesión.

b).- Las fuerzas presentes en la discusión.

En el momento ya de estar discutiendo, de estar debatiendo, de estar en el "estira y afloja", hay tres fuerzas muy poderosas que se harán presentes en todo el proceso: la Información, el Poder y el Tiempo. De estos tres elementos ya se ha hablado con anterioridad, pero se abundará un poco más.

La Información.

Respecto a la primera, no es suficiente contar con una información precisa y suficiente, sino que ésta debe ser la base sobre la que se asiente todo el proceso de negociación. No sería racional manejar una discusión que se sustente en presentimientos, corazonadas o latidos del corazón, en lugar de información. Es posible que una vez que se cuente con la información pertinente, esta pueda ser "aderezada" con un *"feeling"* de los negociadores. Pero, salvo la salvedad, el "feeling" no puede reemplazar a la información, si acaso la puede complementar.

Recordar que nunca se podrá ir a negociar, sin antes haber recopilado la información que sea necesaria.

El Poder.

El poder es esa capacidad que tenemos de poder influir en las acciones de los demás, frecuentemente para nuestro propio beneficio. Con muy pocas excepciones (o tal vez ninguna) a muchos el poder les agrada mucho hasta el grado de seducirlos. Casi todo mundo quiere tener poder de alguna forma. Existen varios tipos de poder que se pueden presentar en la discusión:

- *El poder personal.* Tiene su origen en la experiencia, en el conocimiento y en la habilidad de negociar de cualquiera de las partes. Asimismo, puede tener también su origen en la habilidad de persuadir y comunicar o en la posición que se ocupa dentro de la organización.

- *El poder de representación.* Tiene su origen en la imagen y posición competitiva de la organización. No es lo mismo ir a negociar a nombre de una empresa transnacional que a nombre de un puesto de tacos.

- *El poder situacional.* Se basa en ventajas inherentes a la situación y el momento en que se da la negociación. Por ejemplo, a quién le interesa más la negociación? A mí o a la otra parte?

- *El poder de obstrucción.* Se basa en la capacidad de bloquear o poner trabas a la otra parte o en la habilidad de causarle incomodidad.

- *El poder del tiempo.* Se basa en el sentido de urgencia. Quien tenga prisa por terminar la negociación, será quien realice más concesiones. Quien tenga premura, venderá más barato o comprará más caro.

- El poder del BATNA. Contar con alternativas siempre es una fuente muy importante de Poder; contar con un BATNA muy bien definido, nos ayudará a poder negociar con mucho poder. Por el contrario, acudir a la negociación con una opción única, nos deja en una gran desventaja.

El tiempo.

El tiempo se debe de considerar desde dos vertientes:

Primero, como "tiempo disponible" para negociar. Nunca se debe de "tener prisa" en la negociación.

Segundo, en las cuestiones logísticas: fijar la fecha de las reuniones en días y horas que nos sean ventajosos, marcar los descansos, la hora de inicio y término de las reuniones, etc.

c).- Las Propuestas en la mesa de negociación.

Una argumentación sólida y apoyada racionalmente en información y experiencias, no sobre opiniones, subjetividades o suposiciones, que sorprenda a la otra parte por la creatividad, el respeto y la firmeza en sus formas, no garantizará la aceptación de la propuesta, pero aumentará significativamente la probabilidad de que sea escuchada con atención y debatida con neutralidad y el mejor espíritu de diálogo.

Características necesarias de las propuestas.

Para que una propuesta sea propia, sea atractiva debe tener las siguientes características:

- Deberán ser lo suficientemente claras y precisas.
- Deberán ser completas, no hechas a medias.
- Tienen que ser creíbles. "Le daré un curso de capacitación hasta que su gente aprenda, sin importar el tiempo." Esta propuesta nadie la creerá.
- Deben ser fieles a nuestros objetivos. Jamás se propondrá algo que vaya en contra de mis metas.
- Que sean creativas. Diferentes. Únicas. Mientras menos se las espere la otra parte, menos podrá negarse.
- Deben ser persuasivas. Capaces de convencer a la otra parte. Tal vez, que sean contundentes.

Tipos de Propuestas.

Hay tres tipos diferentes de propuestas u ofertas: la Moderada, la Dura y la Extrema.

- *La Oferta Moderada.* Es aquella propuesta que se sitúa dentro de la **ZO**na de **P**osible **A**cuerdo (ZoPA), la cual viene delimitada por la posició máximas de una parte y la mínima de la otra. Por ejemplo si el precio máximo del comprador es de $ 50 y el precio mínimo del vendedor es de $ 40 entonces la ZoPA está situada entre $ 40 y $ 50. Una oferta moderada sería $ 45.

- *La Oferta Dura.* Es aquella oferta que hace una de las partes y está situada fuera de la ZoPA. Si el vendedor plantea una propuesta de $ 52, corresponde a una oferta dura.

- *La Oferta Extrema.* Es aquella oferta que se hace *muy por fuera* de la ZoPA. Por ejemplo, si el vendedor hace una oferta de $ 60, está haciendo una oferta extrema.

Nuestra primer oferta debería estar fuera de la ZoPA; empezar con una oferta moderada nos puede colocar en una situación difícil, ya que nada nos garantiza que la otra parte vaya a aceptar dicha propuesta o que también vaya a comportarse de manera moderada igual que nosotros.

Comenzar moderadamente nos conduce a no disponer para la negociación de toda la ZoPA, y por tanto nuestro "margen de maniobra" se reduce considerablemente.

d) Algunas tácticas engañosas.

Durante la discusión, es posible que alguna de las partes recurra a alguna táctica "no tan ortodoxa", con el fin de poder convencer al otro de que haga lo que el uno desea. Estas tácticas suelen ser engañosas y su práctica no es deseable, aunque esto no obsta para que se usen durante un debate. Aquí mencionaremos algunas, no para que las practiquen, pero sí para que se conozcan y saber que se está siendo blanco de esa táctica.

El chantaje.

Cierta vez una esposa le pregunta a su marido: "¿Oye y pudiste lograr la venta que tanto deseabas?" A lo que este le responde: "Sí, afortunadamente lo pude lograr" La esposa vuelve a preguntar: "¿Y cómo le hiciste?" El marido le responde: "Apliqué la táctica tradicional: le lloré". El chantaje es una táctica que trata de causar lástima en la otra parte para que se conduela y acepte las condiciones de quien la utiliza.

El salami.

Consiste en hacer muchas, muchas concesiones; pero de cantidades muy pequeñas, casi microscópicas. "Ya te hice muchos descuentos", puede decir un negociador, pero si el otro hace la suma efectiva de todos los muchos descuentos, apenas suman el 3%.

El documento misterioso.

Se tiene que hacer en las oficinas de quien la quiere practicar y consiste en dejar un documento sobre el escritorio que contenga información falsa sobre la negociación que se está haciendo y después salir de la oficina, a instancias de su secretaria, quien le informa que tiene una llamada "urgentísima". El negociador sale y el otro curiosea y se hace de una información que él cree que es veraz y ¡cae en la trampa!

El ultimátum.

"Le pido su mejor oferta a más tardar mañana a las 11:00 hrs. Ya que tenemos una junta para decidir a las 11:30 hrs." Esta es una especie de amenaza que hace una de las partes. Si el otro ya ha hecho su mejor oferta, solo debe decir "ya se la he hecho llegar, esa es nuestra mejor oferta".

La amenaza.

"Si no me concede lo que le pido, tendré que hablar con su jefe, quien por cierto es muy amigo de mi hermano". Usted puede contestarle: "Hable con él, yo solo hago mi trabajo lo mejor que puedo".

El pilón.

"Oiga, le voy a comprar la camioneta de $430,000, yo espero que me regale el tanque lleno de gasolina, ¿verdad?"- esto lo dice un cliente al vendedor de autos, cuando está a punto de firmar los documentos de compra-venta. ¿Qué va a responder el vendedor? ¡pues claro que se lo obsequia!

e).- Los Bloqueos.

Son situaciones en que se produce una paralización de todo el proceso, lo que acarrea en los negociadores una enorme sensación de frustración e incapacidad para continuar en él. Da la apariencia de que la ruptura del proceso está cercana y que no es posible avanzar en los puntos acordados.

Identificación de un Bloqueo.

Se debe de distinguir entre un bloqueo real o una situación en que el tema tratado que requiere de tiempo y consenso. Se pueden identificar dos señales: el grado de novedad de los argumentos que se debaten y, el tiempo que dura el "parón".

Si estamos en una situación en la que los argumentos hacen que la discusión sea circular y repetitiva y que además el proceso se prolongue sin mucho sentido, estamos ante la presencia de un bloqueo.

Se puede estar ante un tema difícil que requiere de tiempo para ser tratado, pero los argumentos son nuevos y diferentes. **No se trata de un bloqueo.**

Cómo enfrentar un bloqueo.

Entre otras acciones, se recomiendan las siguientes:

● Suspender la negociación antes que deteriorarla.

- Si la cuestión en conflicto forma parte de un contenido más amplio, dejarla aparte y recapitular.
- Si la causa del bloqueo es emocional, liberar las emociones y aplicar una dosis de frialdad
- Solicitar la ayuda de un mediador o de un grupo de mediación.
- Sustituir a los negociadores.

f).- Las Concesiones.

El fenómeno de las concesiones es una parte íntima de la negociación. La negociación es un proceso de intercambio y está afectado por continuas concesiones. Tras la oferta inicial de una de las partes, comienza el proceso de intercambio, cuya esencia será el manejo adecuado de las concesiones.

Una concesión debe hacerse en el momento adecuado dentro del proceso de negociación y nunca se debe de ceder a cambio de nada.

El momento oportuno para realizarlas es el momento de cierre o aquel en que esté cercana la llegada del posible acuerdo. Lo que determina la forma de llevar a cabo las concesiones es la estrategia del negociador, que definió desde la etapa de Preparación.

Principios fundamentales de las Concesiones.

Para que una concesión que hagamos nos favorezca, debemos observar los siguientes principios:

- Nunca ceder a cambio de nada. Nunca. Nunca.
- Hacer "pocas" concesiones.

- Hacerlas en el momento de construcción del acuerdo o del cierre.
- Hacerlas cada vez más pequeñas.
- Frente a cada concesión solicitada, utilizar el silencio y la pregunta.

El Cierre.

El cierre es la parte final de la negociación y es la etapa en donde se pueden ver culminados (si se hizo un buen trabajo) todos los esfuerzos realizados en la preparación y en la discusión.

a) Características de un buen cierre.

Un buen cierre es aquel que deja convencidas a ambas partes, y tiene las siguientes características:

- Es el producto de previsible de un proceso bien gestionado.
- Es el que crea valor desde el principio hasta el final del proceso.
- No daña la relación entre las partes.
- Consigue los objetivos respecto al otro y respecto a uno mismo.

Esto significa que, si hemos hecho una buena labor en las dos etapas iniciales, llegar a un buen cierre es prácticamente lógico. Por lo tanto, es necesario remarcar la importancia de dichas partes: la preparación y la discusión.

Ahora bien, el que lleguemos al cierre no significa que hayamos llegado a un acuerdo de manera forzosa; se puede llegar al cierre sin lograr acuerdos.

b) Un mal cierre.

Un cierre malo es aquel en que, aunque se llegue a un acuerdo, este solo favorece a una de las partes de manera muy ventajosa o se hace a través de amenazas. Algunos puntos que se pueden presentar en un mal cierre son los siguientes:

- Hay un abuso del poder de una de las partes
- Hay amenazas para forzar el cierre
- La relación queda muy deteriorada
- El objetivo que se siguió en la negociación fue solamente derrotar al otro
- Se cierran las puertas para futuras negociaciones.

Por supuesto que no es deseable bajo ningún concepto que se llegue a un mal cierre en la negociación, por lo que se debe de realizar muy cuidadosamente todo el proceso en su fase de preparación.

c) Un cierre con acuerdos.

Si hemos llegado al cierre alcanzando los objetivos planteados y de manera equitativa para las partes, se realizan los siguientes pasos:

- Recapitular y anotar las condiciones del cierre.
- Concretar próximas acciones y plazos.
- Valorar los logros alcanzados.
- Cuidar la despedida

d) Un cierre sin acuerdos:

Si no se ha podido llegar a los acuerdos que beneficien a las partes, se hacen los siguientes pasos:

- Cortar la tensión, la irritabilidad o el cansancio.
- Hablar despacio, seleccionar los términos con mucho cuidado.
- Resaltar todos los aspectos positivos que sea posible.
- Cuidar la despedida.

e) La Despedida.

Lleguemos o no aún acuerdo, la despedida es una acción que debe de cuidarse mucho, para lo cual se recomiendan los siguientes aspectos:

- Dar un apretón de manos, mirando al otro de un modo pausado y afable.
- Interesarnos por su viaje de regreso, si está en nuestras oficinas.
- No mostrar prisa por irnos, si estamos en las suyas.
- Jamás dar la impresión de que nos escondemos o escapamos de nuestros interlocutores.

Recordar que recién terminamos una negociación, no una lucha a muerte. Si nos pusimos de acuerdo, es un excelente logro: pero si no lo hicimos, no tenemos porqué escondernos o avergonzarnos. El desacuerdo o conflicto es una actividad propia de la naturaleza humana, no siempre tenemos que estar de acuerdo, pero sí debemos poner toda nuestra inteligencia, racionalidad y honestidad para llegar a estarlo.

f) Consideraciones finales.

Negociar no significa fregar al otro. No significa sacar ventaja de nuestro poder. No significa engañar a la otra parte. Tampoco es tomar esta actividad a tono personal y "derrotar" al enemigo. No es darle un "soborno" al oponente para que ceda. Una buena negociación nada tiene que ver con la corrupción.

Negociar es mantener una buena relación, aun cuando no se llegue a un buen acuerdo. Negociar significa que a veces tengamos que ceder en el corto plazo con tal de ganar en el largo. Negociar es una actividad perfecta para cultivar amistades profesionales y personales. Es beneficiar a la otra parte, obteniendo también un logro razonable para nosotros. Una buena negociación es el fruto de un buen diálogo, hecho de modo inteligente, racional y basado en principios y valores universales.

Estamos seguros que si todas las personas supieran negociar en forma inteligente y honrada, el mundo sería muy distinto.

Referencias.

1. Karrass, C. (1974). *Give & Take.* The complete guide to negotiating strategics and tactics. Nueva York. Thomas Y. Crowell Publishers.

2. Cohen, H.(2004) *Negocie y gane*. México. Grupo Editorial Norma.

3. Homs, R. (2004) *El poder de la negociación en la Venta*. México. McGraw-Hill.

4. Guerrero, J. Definición propia tomada de clases.

5. Blanchard, K. (2003). *El Corazón de un Líder*. Grupo Editorial Norma

Lecturas adicionales.

1. Cohen, H. (1983) *Todo es negociable*. México. Planeta.

2. Flores de Gortari, S. y Orozco, E. (1978). *Hacia una comunicación administrativa integral.* México. Trillas.

3. Jandt, F. (1987)*Ganar ganar negociando.* México. CECSA.

4. Karrass, C. (1974) *The negotiating game.* Nueva York. Thomas Y. Crowell Publishers.

5. Karrass, G.(1989) *El Cierre.* México. Lasser Press.

6. Robbins, S.(2003) *Comportamiento Organizacional.* 11ª. Ed.México. Prentice Hall.

7. Stone, D., et al.(1999) *Negociación*. México. Grupo Editorial Norma.

Capítulo 3

LA LOGÍSTICA EN LOS NEGOCIOS

Desde que el ser humano piso la faz de la tierra, apareció en primer instancia el "Trueque" y con el paso de los años y siglos el intercambio de bienes y productos entre los diferentes pueblos establecidos en determinada parte del planeta, es decir la comercialización de productos. Esto debido a que algunos pueblos o civilizaciones se establecía en territorios con determinadas características que les permitían elaborar o cosechar ciertos productos, pero precisamente por esas características les era imposible obtener otra clase de bienes que les eran necesarios para seguir creciendo y progresando.

Con el paso de los años los líderes de esas civilizaciones entablaron en cierto modo, acuerdos para comprar y vender a su vez los productos que ellos y otras civilizaciones requerían, conforme este tipo de comercialización o intercambio fue creciendo, se hizo necesario identificar formas económicas de transporte que facilitaran la colocación de los productos que las diferentes civilizaciones producían en los lugares donde eran demandados y de esta forma aparecen los distintos modos de transporte.

Estas formas de comercialización permanecen hasta nuestros tiempos y han sido perfeccionadas con el paso de los años, hasta volverse en la actualidad un factor de competitividad para las organizaciones empresariales, misma que les permite ser más efectivos y eficientes en este mundo de negocios tan demandante.

Esto es lo que denominamos LOGÍSTICA, diversos autores la definen de manera muy parecida, una de estas definiciones es la siguiente (Ballow, 2004):

La logística es la parte del proceso de la cadena de suministros que planea, lleva a cabo y controla el flujo y almacenamiento eficientes y efectivos de bienes y servicios, así como de la información relacionada, desde el punto de origen hasta el punto de consumo, con el fin de satisfacer los requerimientos de los clientes.

Esta definición implica varias acciones que podemos y debemos llevar a cabo, en principio; Que es una Cadena de Suministros?, Como se hace la Planeación?, porque Almacenes eficientes, como lograrlo?, a que se refiere con Origen y Destino?, como satisfacer los requerimientos de los clientes?

Al parecer todos estos puntos lo vuelven más complicado, sin embargo más adelante apreciaremos que no es así, por el contrario, casi todos los aspectos en cierta manera son controlados por los empresarios, el problema radica en que no lo saben y en consecuencia no lo pueden mejorar.

LOGÍSTICA EMPRESARIAL.-

Si bien la logística es muy antigua, las empresas no habían hecho uso de la misma. En la actualidad, son cada vez más empresas que la utilizan en pro de lograr clientes satisfechos, mismos que se convertirán en sus mejores promotores y de esta manera lograr el primer objetivo, que es el de permanecer en un ambiente empresarial cada vez más competido y posteriormente crecer.

Inicialmente la Logística se ha aplicado en eventos ligados a cuestiones bélicas, las grandes empresas del giro industrial y del sector portuario, son quiénes desde hace varios años han utilizado la misma con excelentes resultados, donde la eficiencia en el manejo de las materias primas, almacenes, productos terminados y la distribución de éstos últimos a los puntos de comercialización (Clientes), se ha vuelto algo sumamente importante (Figura No. 6.3) y desde entonces se ha vuelto parte de su forma diaria de trabajar, volviéndose ya una cultura de trabajo en ese giro de empresas.

En la actualidad podemos apreciar que en los centros comerciales ofertan productos elaborados en distintas partes del mundo y que a veces ni siquiera imaginábamos que existían, así como también podemos adquirir frutas y alimentos que solo se dan en países muy lejanos; todo esto es gracias a la logística, misma que permite que los productos que se generan en una parte del mundo se puedan ofertar en otro continente.

A pesar de esto, existe una enorme cantidad de empresarios para quienes la logística ni siquiera saben que es y mucho menos la han utilizado, lo que hace que sean menos productivas y por consecuencia menos competitivas, este grupo de empresas mejor conocidas como Micro, pequeñas y medianas empresas (MiPyMes).

Sin embargo, en nuestro país como en muchos países más, este segmento de empresas es muy frágil, es decir muy débiles desde su creación, por lo que su éxito como tal no está garantizado, siendo muchas y muy diversas las causas que pueden originarlo, desde la falta de conocimientos del empresario sobre cómo administrar una empresa, hasta el desconocimiento de quién será su competencia y/o a que mercados dirigirse.(Olguín, González, Chávez, 2016)

En el manual para la promoción de las PyMes Mexicanas de Rafael Espinosa Mosqueda, se mencionan los problemas más comunes que enfrentan este tipo de organizaciones, para Gelmetti (2006) las debilidades y problemas que son preocupantes para el crecimiento de este tipo de empresas son:

1.- Management con visión de corto plazo: La falta de una planificación a mediano y largo plazo, que provoca una gestión de carácter reactivo.

2.- Escasa atención al tema de calidad: las PyMes al no darle importancia a la calidad de sus productos o servicios así como a la producción de los mismos, llegan a perder clientes por la razón que hacen automáticamente las operaciones de vender y producir.

3.- Deficiente tecnología de producción: *la incorporación de equipamiento de última tecnología es insuficiente, tampoco muestran mejoras sustanciales en sus instalaciones.*

4.- Bajo nivel de información: *en los momentos actuales la información debe ser rápida, veraz y oportuna, de otra forma las empresas se vuelven lentas y obsoletas en su gestión.*

5.- Productividad insuficiente: *las PyMes presentan un bajo nivel de productividad debido al equipamiento tecnológico, otras veces por la falta de motivación y compromiso que existe entre los trabajadores.*

6.- Escasas y caras fuentes de financiamiento: *las dificultades financieras han sido una causa constante para su desenvolvimiento, máxime por las crisis económicas que han debido soportar.*

7.- Recursos Humanos poco calificados: *la visión de que un mejor y más calificado personal solo incrementa los costos atenta contra un mejor performance de la empresa.*

8.- Estructuras organizativas inadecuadas: la velocidad del cambio y las formas de gestión, suelen dejar obsoletas las formas organizativas de las PyMes.

9.- Escasa atención a los mercados externos: *pocas son las empresas que entienden que los mercados ahora son globales o como mínimo regionales.*

De acuerdo a lo expuesto por Gelmetti, de las nueve causas que hacen que este tipo de empresas sean tan frágiles en su operación y permanencia en el mercado, se identifican por lo menos cinco causas (Calidad, Deficiente tecnología de producción, bajo nivel de información, insuficiente productividad, escasa atención a los mercados externos), mismas que tienen que ver con aspectos de logística y que de contemplarse como tales, permitirían que estas organizaciones fueran más eficientes y contribuir de esta manera al fortalecimiento de la economía de la zona donde se encuentran inmersas, como el de suya propia.

Para tratar de solventar estos problemas en las organizaciones es necesario realizar una correcta **Planeación de la Logística** como parte de la Cadena de suministros, tomando en consideración que la finalidad que se persigue es la completa satisfacción de nuestros consumidores finales, dado que ellos son el sustento de nuestra organización. Por lo cual es necesario considerar diversas áreas de suma importancia que permitirán alcanzar dicho objetivo, estos tienen un impacto propio y muy importante en el diseño de la logística que se haga, estos elementos se presentan en la siguiente figura:

Estrategia de inventarios
* Niveles de inventario
* Utilización de inventarios
* Métodos de control

Estrategia de transporte
* Modos de transporte
* Asignación de rutas / programación de transportistas
* Tamaño y consolidación del envío

Objetivos de servicio al cliente

Estrategia de ubicación
* Numero, tamaño y ubicación de instalaciones
* Asignación de puntos de abastecimiento a los puntos de contratación
* Asignación de la demanda a los puntos de abastecimiento o los puntos de contratación
* Almacenamiento publico / privado

Figura 3.1.- Elementos para una Planeación Logística
Fuente: Elaboración propia.

Partiendo de la figura anterior, podemos establecer que las empresas que decidan volverse más competitivas, deben en primer instancia identificar cuál es su mercado (es decir, los clientes que van atender) y así poder empezar a planear diversas estrategias que les permita alcanzar dicho objetivo, ya que muchas de las veces se da la situación de que ni siquiera conocen cuál es su mercado final y por consecuencia corren el riesgo de dirigir las mismas hacia segmentos objetivo que no son los indicados, teniendo por lo tanto resultados inadecuados y un desánimo en su forma de operar.

Entre las diversas estrategias que la empresa puede y en muchos de los casos, debe implementar se encuentran aquellas que tienen que ver con la cuestión de Mercadotecnia, es decir, estrategias que le permita al negocio mejorar su posicionamiento en el sector que se encuentra inmerso y de cierto modo, lograr que los clientes mantengan una fidelidad ante ellos, obteniendo con esto mayores ganancias y sobre todo el reconocimiento del mercado como una empresa que satisface a sus clientes y lograr de ellos su recomendación que es la mejor publicidad que puede lograr un empresario y además, la más efectiva.

Sin embargo para que las *estrategias mercadológicas* implementadas por la organización logren el éxito esperado, es indispensable apoyarse en estrategias de logística, ya que esta agregará valor a los productos y servicios que le empresa ofrezca, estos valores son: **Tiempo y Lugar**; que en conjunto con los de forma y posesión (este último casi siempre generado por mercadotecnia), permitirán ofrecer a sus clientes los productos que desean en **lugar y momento** que los necesitan.

Una estrategia de logística, tiene como objetivos principales, la reducción de costos de operación de la organización y la mejora de la atención y servicio a sus clientes. La reducción de costos se alcanza, identificando las mejores opciones de proveedores locales y foráneos (pagar menos en transporte de mercancías compradas y optimizar el recurso tiempo), con la finalidad de garantizar los tiempos de entrega de productos en el tiempo requeridos y en el lugar indicado para, de esta forma garantizar el abasto de productos a sus clientes o consumidores finales, al contar con las cantidades necesarios en los puntos de venta en que se requieran.

Servicio al Cliente.-

De las cuatro áreas en las que se debe enfocar todo empresario esta es la más importante, ya que la empresa depende en su totalidad de la buena aceptación que los clientes tengan de sus productos y/o servicios que ofrezca, además de que al ser un cliente satisfecho la recomendación que haga a otros posibles clientes, será la más importante y efectiva.

En función a los objetivos de servicio al cliente que establezca la organización, tendrá un mayor o menor impacto en el resto de las áreas en las que impacta la planeación logística, de ahí entonces la importancia que tiene el tipo de servicio que se quiera ofrecer a los clientes, mismo que hasta cierto punto estará limitado por los recursos con que cuente la organización (humanos, materiales, de infraestructura, económicos, etc.)

De acuerdo con *CreceNegocios*[1], "a medida que la competencia es cada vez mayor y los productos ofertados en el mercado son cada vez más variados, los consumidores se vuelven cada vez más exigentes. Ellos ya no solo buscan calidad y buenos precios, sino también un buen servicio al cliente.

El servicio al cliente es el servicio o atención que una empresa o negocio brinda a sus clientes al momento de atender sus consultas, pedidos o reclamos, venderle un producto o entregarle el mismo.

Para entender mejor su concepto veamos a continuación los factores que intervienen en el servicio al cliente:

---

1   www.crecenegocios.com

- *Amabilidad*: amabilidad hace referencia al trato amable, cortés y servicial. Se da, por ejemplo, cuando los trabajadores saludan al cliente con una sonrisa sincera, cuando le hacen saber que están para servirlo, cuando le hacen sentir que están genuinamente interesados en satisfacerlo antes que en venderle, etc.

- *Atención personalizada*: la atención personalizada es la atención directa o personal que toma en cuenta las necesidades, gustos y preferencias particulares del cliente. Se da, por ejemplo, cuando un mismo trabajador atiende a un cliente durante todo el proceso de compra, cuando se le brinda al cliente un producto diseñado especialmente de acuerdo a sus necesidades, gustos y preferencias particulares, etc.

- *Rapidez en la atención*: la rapidez en la atención es la rapidez con la que se le toman los pedidos al cliente, se le entrega su producto, o se le atienden sus consultas o reclamos. Se da, por ejemplo, cuando se cuenta con procesos simples y eficientes, cuando se cuenta con un número suficiente de personal, cuando se le capacita al personal para que brinden una rápida atención, etc.

- *Ambiente agradable*: un ambiente agradable es un ambiente acogedor en donde el cliente se siente a gusto. Se da, por ejemplo, cuando los trabajadores le dan al cliente un trato amable y amigable, cuando el local del negocio cuenta con una buena decoración, una iluminación adecuada, una música agradable, etc.

- *Comodidad*: comodidad hace referencia a la comodidad que se le brinda al cliente cuando visita el local. Se da, por ejemplo, cuando el local cuenta con espacios lo suficientemente amplios como para que el cliente se sienta a gusto, sillas o sillones cómodos, mesas amplias, estacionamiento vehicular, un lugar en donde pueda guardadas sus pertenencias, etc.

- *Seguridad*: seguridad hace referencia a la seguridad que existe en el local y que, por tanto, se le da al cliente al momento de visitarlo. Se da, por ejemplo, cuando se cuenta con suficiente personal de seguridad, cuando se tienen claramente marcadas las zonas de seguridad, cuando se tienen claramente señalizadas las vías de escape, cuando se cuenta con botiquines médicos, etc.

- *Higiene*: higiene hace referencia a la limpieza o aseo que hay en el local o en los trabajadores. Se da, por ejemplo, cuando los baños del local se encuentran siempre limpios, cuando no hay papeles en el piso, cuando los trabajadores están bien aseados, con el uniforme o la vestimenta impecable y las uñas recortadas, etc.

Una empresa o negocio brinda un buen servicio al cliente cuando ha trabajado en varios de estos factores; por ejemplo, cuando trata a sus clientes con amabilidad, les da un trato personalizado, los atiende con rapidez, les ofrece un ambiente agradable, y los hace sentir cómodos y seguros.

La importancia del servicio al cliente

Cuando un cliente encuentra el producto que buscaba, y además recibe un buen servicio al cliente, queda satisfecho y esa satisfacción hace regrese y vuelva a comprarnos, y que muy probablemente nos recomiende con otros consumidores.

Pero por otro lado, si un cliente, haya encontrado o no el producto que buscaba, recibe una mala atención, no solo dejará de visitarnos, sino que muy probablemente también hablará mal de nosotros y contará la experiencia negativa que tuvo a un promedio de entre 9 a 20 personas dependiendo de su grado de indignación".

Finalmente, el Servicio al Cliente se puede establecer como un proceso en el que se identifican tres etapas:

1.- Elementos necesarios y previos a la Transacción.

> Información por escrito referente a las políticas de la empresa en garantías y/o devoluciones.
> Información por escrito referente a las características de los productos.
> Información por escrito referente a Servicios técnicos y de mantenimiento.

2.- Elementos necesarios durante la Transacción, y

> Inventario de existencias suficiente.
> Información relacionada a formas de pago y financiamiento.
> Habilidad para manejar faltantes de productos.
> Habilidad para informar sobre posibles sustitutos de productos y garantizar la venta.

3.- Elementos necesarios posteriores a la Transacción.

> Políticas por escrito de servicio de instalación, reparaciones y partes.
> Habilidad para solucionar reclamos y quejas de los clientes.
> Manejo de políticas de remplazo temporal de productos por fallas en los de los clientes.

Es decir, la Organización debe identificar los diferentes elementos que serán necesarios durante las tres etapas del proceso y que tienen el mismo nivel de importancia, en virtud de que de no cumplirse alguno de ellos en cualquiera de las tres etapas, el grado de insatisfacción del cliente será muy grande y tal como lo dice crecenegocios, mal recomendará a la Organización.

Estrategias de Inventarios.-

Las decisiones que los administradores tomen en lo que respecta a los niveles de inventario que manejaran sus empresas es vital, ya que no se trata de algo simple, por el contrario, este tipo de decisiones pueden hacer que un negocio florezca o bien se vaya al fracaso en un tiempo record, de ahí entonces que es bueno considerar ciertos elementos tanto para los niveles que se manejaran, como para la cantidad de almacenes y la ubicación de los mismos.

Los Inventarios de acuerdo con el Ing. Hermes Cruz Rodríguez, son cantidades de recursos que se despliegan a lo largo del complejo sistema de relaciones intra e interempresa (cadena logística) para permitir su operación económica y fluida, a la vez que para absorber el impacto de la variabilidad e incertidumbre asociadas a la operación, garantizando la máxima satisfacción del cliente[2].

Determinar el tipo más eficaz de estrategia de inventarios es un elemento esencial para el éxito de un negocio. Sin una estrategia eficaz de inventarios, la empresa puede perder dinero a causa de la escasez o exceso de inventario que se produce por el pedido de demasiados productos.

---

2   Ing. Hermes Cruz Rodríguez. (es.slideshare.net)

Un empresario debe aprender sobre los diferentes tipos de estrategias de inventario para ayudar a determinar qué sistema será más ventajoso para la situación particular de su negocio.

Entonces, el objetivo de una estrategia de inventario eficaz es reducir al mínimo los costos de inventario, manteniendo un nivel de inventario adecuado que le permita a la empresa satisfacer la demanda de productos de parte de sus consumidores, mientras que obtienes un beneficio para la empresa. Las consideraciones en la elección de la estrategia correcta de inventario implican un análisis del costo del inventario y el costo de la compra de inventario, así como los costos que implican la pérdida de clientes por falta de inventario. Una estrategia eficaz responderá a las preguntas de qué cantidad de inventario ordenar y cuándo pedirlo. Un empresario antes de tomar alguna decisión debe analizar las ventajas y desventajas que proporciona cada estrategia y así determinar qué método funciona mejor.

Estrategia de Ubicación de las Instalaciones.-

Otro aspecto bastante importante desde la perspectiva de la mercadotecnia, se refiere a la cantidad y ubicación de las instalaciones. Tomando en cuenta que lo que buscan los empresarios es reducir sus costos de operación y aumentar sus ganancias, la ubicación de las instalaciones respecto a las del proveedor principal, la existencia de modos de transporte económicos y la ubicación del mercado objetivo; se vuelven aspectos a evaluar de suma importancia para una posible ubicación de sus propias instalaciones y de esta forma estar en condiciones de competir con el resto de las empresas de su propio giro.

Figura 3.2.- Ubicación de Instalaciones.
Fuente: Elaboración Propia.

Lamentablemente en nuestro país y en el sector de las MPyMes, es muy común que el principal factor que los empresarios toman en cuenta para la ubicación de sus instalaciones es el económico, es decir con cuanto capital cuentan para instalar su empresa y lamentablemente lo primero que hacen los microempresarios es ubicarse en su lugar de residencia, es decir su casa. Esto hace que las principales variables que debieran analizarse se dejan de lado y se antepone la sobrevivencia del negocio a una planeación efectiva del mismo que pudiera garantizar a corto o mediano plazo la rentabilidad de la pequeña empresa.

Cuando el microempresario se da cuenta de la importancia de haber considerado estas variables, es cuando el negocio no levanta y se ve en la necesidad de tomar una decisión respecto al hecho de cerrarlo o de invertirle para buscar volverlo competitivo y rentable, esto último dependerá del capital con que cuente y/o de la solvencia que tenga para solicitar un crédito.

De ahí entonces que se vuelve muy importante considerar la ubicación y número de las instalaciones con que cuenta o contará la empresa, en función al mercado que desea impactar y la cercanía de los proveedores; ya que esto impactará directamente en los niveles de inventario con que contará la organización y en los costos de transportación de mercancías, mismos que dependen de los diferentes medios de transporte que se podrían utilizar para garantizar la existencia de productos en los puntos de venta de la organización.

Finalmente, si los administradores de este sector de empresas analizan un poco más a fondo los beneficios que conlleva una ubicación y cantidad adecuada de las instalaciones de su negocio en función a la logística, la probabilidad de éxito de dichos negocios crecerá directamente y estarán en posibilidades de ser una competencia real para los demás empresarios del ramo y por consecuencia el mercado al que desean impactar los vera más atractivos.

Decisiones de Inventario.-

Una vez que el administrador del negocio ha resuelto la problemática de la cantidad y ubicación de sus instalaciones, se presenta una nueva decisión por tomar, tan importante como la anterior y que involucra aún más a los consumidores actuales y potenciales (mercado objetivo), esta decisión consiste en definir la cantidad de productos que debe tener la empresa, tanto en los puntos de venta como en los almacenes de que disponga. Es decir, cuantos productos debe tener en existencia para garantizar que en ningún momento un cliente NO reciba algún producto que busca.

Sin embargo, existen diversas razones por las cuales es importante que los empresarios contemplen las decisiones de inventario y estas tienen que ver con:

a).- Mejorar el Servicio a los consumidores o mercado objetivo.
b).- Reducir los costos que tienen que ver con los inventarios.
- Mantener inventarios puede favorecer la producción, al producir más y mejor.
- Mantener inventarios alienta la compra de productos.
- Comprar anticipadamente puede favorecer costos más bajos.
- Mantener inventarios elimina tiempos de transportación.
- Mantener inventarios elimina la incertidumbre ya que se anticipa a problemas de algún tipo que pudieran retrasar los suministros de productos.

El principal objetivo de las decisiones de inventario es garantizar que los productos estén disponibles en el lugar requerido, en el momento indicado y en la cantidad solicitada por los clientes.

Esto provoca que de inmediato surja la pregunta, ¿porqué tanta preocupación de que un cliente encuentre los productos que requiera en la empresa? La respuesta es bastante sencilla, el que un consumidor NO encuentre lo que busca en una empresa, se traduce en una insatisfacción, es decir el cliente sale molesto del lugar y busca el producto en la competencia, lo que significa que hemos perdido un cliente y estamos en camino de perder mínimo otros diez clientes potenciales, por la mala recomendación que este cliente hará de nuestra organización, lo que no conviene a la misma en ningún aspecto.

De ahí entonces que la finalidad de las decisiones de los inventarios que se deben de manejar en las organizaciones, en especial en las MiPyMes es la de mantener contentos a los clientes y de que estos no retiren su preferencia a la empresa, claro que estas decisiones tienen un impacto económico en la empresa, ya que los inventarios que se tengan en las diferentes instalaciones, son un recurso económico que está detenido mientras los productos no se vendan y está mermando económicamente a la organización, es por ello que este tipo de decisiones no son tan simples de llevar a cabo y no cualquiera las puede realizar.

DECISIONES DE TRANSPORTE.-

Aspecto importantísimo que tiene un impacto económico directo en los productos que comercializan las empresas, es el que corresponde a las decisiones que se tienen que tomar referente a los diferentes modos de transporte que los empresarios y/o administradores de las empresas deberán usar para garantizar la existencia de mercancías y/o materias primas que permitan la operación de las organizaciones.

Existen cinco modos de transporte que son utilizados para hacer llegar los productos y/o materias primas de un lugar origen a un punto de distribución final llamado destino, estos son:

a).- Transporte Ferroviario.-
b).- Transporte Terrestre (Camión).-
c).- Transporte Aéreo.-
d).- Transporte Marítimo (Barco).-
e).- Transporte por Ductos.-

Estas diferentes formas de transporte de mercancías y/o materias primas, son utilizadas por los administradores de los negocios en función a la rapidez con que necesiten los productos y a los costos de transporte que tienen cada uno de ellos.

a).- Transporte Ferroviario o Tren.-

Este tipo de transporte tiene la ventaja que es de bajo costo y se utiliza para desplazar grandes volúmenes de mercancía (Generalmente de bajo costo) dentro de un mismo país.

Figura 3.- Transporte Ferroviario
Fuente: Elaboración Propia.

Entre las principales desventajas que tiene se encuentra el hecho de que es muy lento, otra corresponde al hecho de que se maneja únicamente a carro o vagón lleno y que solo se mueve por donde existe infraestructura para su desplazamiento.

b).- Transporte Terrestre (Camión).-

A diferencia del ferroviario, el transporte por camión es un tipo de medio de transporte con mayor flexibilidad para la entrega puerta a puerta, es decir, hasta el punto de venta si así se requiere y es más utilizado para llevar los productos generalmente terminados.

Figura 4.- Transporte Terrestre
Fuente: Elaboración Propia.

Una de las ventajas principales de este medio de Transporte es el hecho de que no necesita de una terminal para cargar o descargar las mercancías, a diferencia de otros modos de transporte, así como su versatilidad para desplazarse por el sistema de carreteras local, estatal o federal, sus costos en comparación con el ferroviario son algo más elevados, pero la rapidez es mucho mayor.

c).- Transporte Aéreo.-

Aunque es un modo de transporte limitado al tamaño del avión, la velocidad con que desplaza y traslada las mercancías de un aeropuerto origen a un aeropuerto destino, es muy rápida, lo que permite que cuando se necesitan con urgencia ciertos productos, el avión es el modo de transporte ideal y no se diga cuando las mercancías se encuentran en un país muy lejano, este modo de transporte está diseñado para recorrer miles de kilómetros es pocas horas.

Uno de los grandes problemas que presenta el transporte aéreo, es la necesidad de grandes instalaciones aeroportuarias que le permitan realizar este tipo de servicio, por lo que no todas las ciudades cuentan con un aeropuerto; la otra gran desventaja que tiene son sus elevados costos que lo hace poco accesible para la mayoría de los administradores de empresas.

d).- Transporte Marítimo.-

Cuando se requiere de mover miles de toneladas de mercancías y/o materias primas y estas se encuentran en otro país o continente, el transporte marítimo es el más rentable de todos, siempre y cuando haya suficiente tiempo para que las mercancías sean recibidas por el comprador.

El transporte por barco tiene un costo por tonelada de carga de los más baratos y se relaciona directamente con el número de toneladas que transporte, es decir, a mayor número de toneladas el costo baja, su principal problema es la lentitud, que si se planea adecuadamente no debería tener ningún problema. Este modo de transporte es el más usado a nivel mundial.

Figura 5.- Transporte Marítimo.
Fuente: Elaboración Propia.

e).- Transporte por Ductos.-

Este tipo de transporte está más enfocado a la distribución de fluídos, es decir, líquidos y/o gases. En el caso de las empresas del tipo comercial, el transporte por ductos ni siquiera lo conocen, no así con las empresas industriales, quiénes utilizan este tipo de transporte con mayor frecuencia para transportar sus materias primas, ya sea entregar a sus clientes o recibir de sus proveedores.

En la realidad y ante los nuevos retos que genera la globalización, se hace necesario que los millones de toneladas de mercancías que se comercializan a nivel mundial entre los diferentes países del orbe, fluyan de una manera más rápida y segura, por lo que finalmente el uso de un solo modo de transporte no es suficiente, y es entonces que surge el término "Transporte Multimodal" que implica la utilización de dos o más modos de transporte para comercializar un pedido de mercancías entre un comprador y un proveedor.

REFERENCIAS BIBLIOGRÁFICAS.-

Olguín, González y Chávez (2016). *Análisis de la Competitividad de PyMes en Ciudades Emergentes (Caso: Cd. Altamira, Tamaulipas)*, Observatorio de la Economía Latinoamericana. Recuperado de: http//www.eumed.net/cursecon/ecolat/mx/2016/competencia.html

Ballow, Ronald H. (2004). Logística, administración de la cadena de suministro. México: Pearson.

http://www.crecenegocios.com/que-es-el-servicio-al-cliente-y-cual-es-su-importancia/

UNIDAD II.-

Mercadotecnia en las MPyMes.

Capítulo 4

LA INVESTIGACIÓN DE MERCADOS EN LAS MPYMES

Introducción

Las MPyMes son empresas vitales en la economía de nuestro país y de américa latina, en México son generadoras de poco más del 70% de los empleos formales que existen en nuestro país. El gobierno federal a través de la secretaría de economía, fomenta la creación de este tipo de empresas, así como el fortalecimiento de las ya existentes. Sin embargo la gran mayoría de estas empresas luchan aún por sobrevivir y no piensan siquiera en establecer técnicas o estrategias que les permitan mantenerse en un primer instante y posteriormente desarrollarse, de ahí entonces que prácticamente todo lo referido a mercadotecnia, lo dejan en segundo término e incluso ni siquiera intentan apoyarse en esta, sin embargo las herramientas ahí se encuentran y están debidamente verificadas en su eficacia.

La investigación de mercados es una de estas herramientas que hoy en día ha cobrado mucha importancia ya que las empresas cada vez tienen que minimizar los riesgos económicos para sus inversiones. En los años 80 muchas veces el empresario se aventuraba a poner un negocio tan solo con soñar y tener una idea sobre el negocio para ponerlo. No sabía que se tenía que hacer una investigación de mercados al igual el hablar en esos tiempos de la mercadotecnia era pensar en hacer volantes, poster, en donde anunciabas tu producto o servicio solo eso bastaba para considerar que el empresario hacia mercadotecnia. Al pasar el tiempo las exigencias son cada vez mas de hecho los anuncios deben ser cada vez más creativos y bien direccionado esto nos lleva a conocer a nuestros consumidores cada vez más y la manera de saber de ello que es lo que les gusta o que quieren de la empresa o productos es realizando una investigación de mercados, de acuerdo a vivencias adquiridas en los negocios propios uno de los fracasos fue el no realizar una investigación de mercado. Laura Fisher comenta que las empresas se encuentran inmersas en una dinámica que influyen cada vez en sus decisiones mercadológicas que la competencia se ha vuelto más agresiva, los consumidores más conscientes, el comportamiento de compra es más razonado, esto solo nos lleva a tomar decisiones más oportunas para llegar a ellos. La empresa siempre está buscando información que le permita contestar las siguientes interrogantes (Fischer,L.2012)

Consumidor

- ¿Quién Compra?
- ¿Qué Compra?
- ¿Por qué compra?
- ¿Cómo compra?
- ¿Cuándo compra?
- ¿Dónde compra?
- ¿Cuánto compra?

Muchas veces queremos responder estas preguntas o interrogantes solo observando a nuestros clientes o consumidores, pero no es suficiente se tiene que ir a preguntarle directamente, escuchar sus necesidades y para responder es necesario hacer una investigación de mercado. Al poder responder estas preguntas el empresario tendrá la certeza de saber de cómo es su cliente o que es lo quiere, y tomara la decisión correcta.

Este capítulo de libro podrá ser utilizado como herramienta para los estudiantes o empresarios que quieran realizar un estudio de mercado. A continuación se mencionan los pasos para la investigación de mercados de acuerdo (Kinnear,T. Taylor,J 2012)

1. Necesidad de la información
2. Objetivo de la investigación
3. Fuentes de datos y diseño de la investigación
4. Procedimientos para la recolección de datos
5. Diseño de la muestra
6. Recopilación de datos.
7. Procesamiento de datos
8. Análisis de datos
9. Presentación de datos.

Se les mostrara con ejemplos cada uno de los pasos a seguir en la investigación de mercado de acuerdo al autor antes mencionado.

Paso 1 Establecer la necesidad de la Investigación.

Probablemente no existe una actividad más crítica para el éxito de un proyecto de investigación que el análisis que conduce a la decisión de llevar a cabo la investigación. Con frecuencia se realiza de manera inadecuada o superficial, las consecuencias son, información inadecuada para la Toma de Decisiones, desperdicio de fondos de investigación e insatisfacción de la gerencia con el sistema de investigación de mercados, por eso es importante definir con una sola pregunta ¿Qué queremos?

Recomendación: Si se quiere poner un negocio o diversificar en el que ya se tiene primero tenemos que conocer hacia dónde queremos ir respondiendo una pregunta ¿Qué queremos del negocio, o cual es la problemática a resolver? Partir no de un sueño sino de hacer un análisis de la situación actual, un punto de partida en donde el gerente o persona encargada de realizar la investigación conozca el negocio y su ambiente.

Paso 2. Objetivo de Investigación

Una vez que se ha establecido con claridad la necesidad de información de investigación, el investigador deberá especificar los Objetivos de la investigación propuesta y elaborar una lista específica de las necesidades de información. Los objetivos responden a la pregunta ¿Porqué se realiza este proyecto?

Recomendación: Si no hay objetivo establecido no hay dirección en la investigación, por eso es de vital importancia establecerlo un ejemplo sería de como plantearlo.

Objetivo General:

Analizar el grado de aceptación de los jóvenes frente a un nuevo concepto de centro de videojuegos en la zona Sur de Tamaulipas.

Objetivos específicos:

a).- Analizar el grado de aceptación dentro de nuestro mercado meta.
b).- Evaluar el comportamiento de acuerdo a los gastos de los jóvenes en cuanto a los videojuegos
c).- Conocer las preferencias de los jóvenes de acuerdo al entretenimiento digital.

Paso 3. Diseño de la investigación y fuentes de datos.

Un diseño de investigación es un plan básico que guía las fases de recolección y análisis de datos del proyecto de investigación. Es la estructura que especifica el tipo de información que se recolectará, las fuentes de datos y el procedimiento de recolección de datos. Un buen diseño garantizará que la información reunida sea consistente con los objetivos del estudio y que los datos se recolecten por medio de procedimientos exactos y económicos. No existe un diseño de investigación estándar, puesto que diseños diferentes pueden lograr el mismo objetivo.

En este punto tendremos que definir la investigación que se va a desarrollar hay tres tipos de investigación (Kotler,P. 2012) que son: Investigación exploratoria, Concluyente, Monitoria de desempeño. A continuación, daremos una breve explicación de cada una de ellas.

Investigación exploratoria esta es una investigación en donde nos permite sensibilizar el mercado de una manera superficial para darnos una idea sobre la factibilidad del negocio, así como realizar una prueba piloto sobre el instrumento a utilizar como por ejemplo encuestas, cuestionarios, entrevistas, etc. Esto depende del objetivo de investigación, así como el tamaño de la muestra analizar.

Investigación Concluyente cuando realizamos la prueba piloto y nos da como resultado la factibilidad de realizar o continuar con la investigación entonces vamos a mayor análisis esto que quiere decir que en este tipo de análisis la desarrollaremos bajo un método. Tendremos que definir el tipo de diseño de investigación si es descriptiva o causal.

Una investigación descriptiva depende del tipo de encuestados y fuentes de datos que utilizaremos durante la investigación de campo, por ejemplo es cuando describimos la problemática de la investigación y utilizamos datos secundarios como bases de datos, reseñas, eventos pasados, etc.

Investigación causal, este tipo de investigación es cuando tenemos supuestos con los cuales partimos para un proceso de toma de decisión por ejemplo cuando nos percatamos de una baja de ingresos en la empresa, cuando nuestros clientes ya no son tan frecuentes, son variables que parten de causa-efecto y buscamos soluciones, que fundamenten dichas causas de una manera objetiva.

Investigación de Monitoria de desempeño: esta investigación se realiza normalmente como de seguimiento en la empresa, por ejemplo cuando analizamos una estrategias de mercadotecnia necesitamos conocer cuál fue su impacto con el consumidor, en otras palabras si fue de su agrado o no. Y esto se reflejara en nuestros ingresos y también nos dan pauta para conocer más a nuestros clientes.

Las fuentes de datos que podemos utilizar en la investigación de mercados son fuentes primarias y secundarias la definiremos a continuación:

Fuentes secundarias es información ya producida por otras personas y a veces quedan plasmadas en un documento como en bases de datos, informes, reportes, etc.

Fuentes primarias es aquella información que se va a generar en el campo de la investigación, a través de un instrumento como, por ejemplo: una entrevista, cuestionario, etc.

Paso 4, Recolección de los datos.

Los formatos de recolección de datos son un componente esencial en la mayoría de los estudios de investigación. Las cuatro formas de comunicación – entrevistas personales, telefónicas, en CD de computadora y por correo – se basan en los cuestionarios.

Un cuestionario es un plan formalizado para recolectar datos de encuestados. La función del cuestionario es la medición. Pueden utilizarse para medir:

- El comportamiento anterior
- Las actitudes
- Las características del encuestado

Por lo general un cuestionario tiene cinco secciones:

1).- Datos de identificación
2).- Solicitud de cooperación
3).- Instrucciones
4).- Información solicitada y
5).- Datos de clasificación.

Recomendación: En este paso el investigador recabara la información estableciendo un vínculo entre la información y las preguntas a realizar, definir qué tipo de instrumento va utilizar para recabar la información ya que estas deben estar direccionadas de acuerdo al objetivo de investigación. Por ejemplo:

TÉCNICAS	INSTRUMENTOS	OBJETIVO DEL INSTRUMENTO
Encuestas	Cuestionario	Medir el grado de factibilidad de un centro de videojuegos ante un mercado joven en Tampico.

Fuente: Elaboración propia

Paso 5 Diseño de la muestra.

Para definir la muestra debemos de tener bien definidos tres puntos: Primero a quienes se les va investigar, segundo que método voy a utilizar para selección de muestra, tercero definir la muestra si es una población finita o infinita ya que su cálculo sería diferente.

En este paso nos apoyaremos de acuerdo a (Fischer,L 2012) en su libro de investigación de mercados que nos explica que para poder calcular el tamaño de muestra se tienen que considerar varios factores, por que en muchas ocasiones, aunque utilicemos las formulas expuestas, el problema es demasiado complejo. Por ejemplo, cuando el universo es muy heterogéneo y el tamaño de la muestra obtenida con la formula no logra abarcar las diferentes características existentes, es necesario aumentar el tamaño de aquella para lograr que sea representativa.

Muestra en poblaciones infinitas:

La fórmula para poblaciones infinitas (más de 500,000 elementos) es la siguiente:

$$n = \frac{[Z]^2 \, p \, q}{e^2}$$

En donde :

[Z] = Nivel de confianza
p= Probabilidad a favor
q =Probabilidad en contra
e= Error de estimación (precisión de los resultados)
n= Número de elementos (Tamaño de la muestra)

Muestra para poblaciones finitas:

Para poblaciones finitas (menos de 500000 elementos) se utiliza la siguiente fórmula:

$$n = \frac{[Z]^2 N p q}{e^2 (N-1) + [Symbol]^2 p q}$$

En donde:

[Z]= Nivel de confianza
N= Universo o población
p = Probabilidad a favor
q= Probabilidad en contra
e= Error de estimación (precisión en los resultados)
n= Número de elementos (tamaño de la muestra)

Recomendación: Para definir la muestra tenemos que definir el método de muestreo a continuación se muestra un proceso para diseñar la muestra.

1. Definir la población(finita – Infinita)
2. Identificar el segmento muestral (mercado-meta)
3. Definir el tamaño de la muestra en función a las formulas antes mencionadas
4. Seleccionar procedimiento de muestreo
5. Aplicación de instrumento en la muestra

Paso 6. *Recopilación de datos*:

En este paso es cuando el investigador aplica un instrumento para recabar la información de los cuales pueden ser de acuerdo a (Kotler,P.2012)

- ➢ Encuesta: esta es preparada por un investigador que determina cuales son los métodos más pertinentes para recolectar la información y darle la confiabilidad, validez y rigurosidad de modo que los datos obtenidos sean representativos para tomar decisiones.
- ➢ Entrevista: es cuando el entrevistador formula preguntas a uno o más encuestados en una situación cara a cara. La tarea del investigador consiste en establecer comunicación con el encuestado o los encuestados, formular preguntas y registrar las respuestas.
- ➢ Grupo Focal o Focus Group: es una técnica de estudio empleada en las ciencias sociales y en trabajos comerciales que permite conocer, estudiar las opiniones y actitudes de un público determinado.

Recomendación: En este punto es importante la capacitación del personal que va a realizar la investigación de campo ya que dé él depende la objetividad de la recolección de los datos. A continuación se presenta un ejemplo de un instrumentó.

INSTRUCCIONES

El objetivo de esta encuesta es conocer la preferencia y uso de los Videojuegos en la zona. Selecciona la respuesta según tu preferencia.

GÉNERO: MASCULINO /FEMENINO

1. ¿Qué edad tienes?
   15-18   19-22   23-26   27-30

2. ¿Te gustan los Videojuegos?, Si tu respuesta es NO Finaliza la encuesta. GRACIAS
   a).- SI   b).- NO

3. ¿Qué tipo de plataformas prefieres?
   a).- PC   b.-) ARCADE   c).- CONSOLA
   d).- DISPOSITIVOS PORTATILES

4. ¿Cuántas horas dedicas a la semana en los VIDEOJUEGOS?
   a). 1-3 HRS   b). 4-7 HRS   c). 8-11 HRS

5. Evalúa del 1 al 5, siendo el 5 el más alto y el 1 más bajo ¿Cuál es tu dispositivo favorito? (Enumera del más importante al menos importante)
   a).- PLAY STATION 4   _____
   b).- XBOX ONE   _____
   c).- NINTENDO   _____
   d).- COMPUTADORA   _____
   e).- SMARTPHONE   _____

6. ¿Cuánto gastas aproximadamente en los VIDEOJUEGOS al mes?
   a).- Nada   b).- de 50-500   c).- de 501-1000
   d).- Más de 1000 Pesos

7. Cuando juegas acostumbras a jugar solo o con más personas.
   a).- Solo   b).- En Pareja   c).- Con amigos
   d).- son más de 4 personas

8. Cuando escuchas la palabra CENTRO DE VIDEOJUEGOS ¿Qué es lo primero que piensas?
   a).- RECORCHOLIS
   b).- CHUCK E. CHEESE
   c).- VENTURER LAND
   d).- MAQUINITAS
   e).- PETER PIPER PIZZA

9. Si hubiera un centro de VIDEOJUEGOS en la zona con los últimos aparatos de entretenimiento digital, servicio y variedad en un lugar seguro, ¿cuánto estarías dispuesto a pagar?
a).- de 50-100 Pesos   b).- de 101-150   c).- de 151-200 d).- Más de 200

Gracias por su cooperación.

Paso 7. *Procesamiento de los datos:*

La tarea básica del procesamiento de datos consiste en convertir los datos del instrumento de recolección a una forma legible para la computadora y de esta manera, vía procedimientos de análisis de datos extraer información de los mismos esto consiste en la codificación y legitimidad de los datos. Aquí nos podríamos apoyar con el uso de un software apropiado por ejemplo Excel par crear una base datos de acuerdo a nuestra necesidad de información.

Paso 8. *Análisis de los resultados:*

Es importante que el análisis de los datos esté direccionados con la necesidad de información y objetivo de investigación para dar respuesta, el uso de un software nos puede ayudar analizar la información y graficar.

La pregunta fundamental del análisis de datos que afronta un investigador es: ¿Qué técnica de análisis de datos debe emplearse?. Hay 3 preguntas generales que ayudan a identificar la técnica apropiada:

1).- Cuantas variables van a analizarse simultáneamente?
2).- Queremos contestar preguntas descriptivas o de inferencias?
3).- Cual es el nivel de medición en la variable (nominal, ordinal o de intervalos)?

Paso *9 Presentación de los resultados.*

Cuando se tienen los resultados se realiza la presentación de una manera clara, precisa y comprensible para el Gerente o Director General de la empresa o ante un consejo que tome decisiones, no podríamos sobre el escritorio todas las encuestas realizadas sería una locura. Es por ello que en este paso final se realiza como una presentación con una estructura fácil de comprender para las personas que tomen la decisión.

Recomendación: Es importante destacar en la presentación del informe los datos que en marquen la problemática que se planteó al principio de la investigación así como dar respuesta a los objetivos establecidos, a continuación se presenta una estructura de informe.

1. Introducción del trabajo de investigación.
2. Objetivo de la investigación
3. Fundamentación de la investigación
4. Metodología Utilizada durante la investigación
5. Análisis de los resultados
6. Conclusiones y recomendaciones del investigador.

Referencias.

Fischer,Laura&Espejo.Jorge.(2012)Investigación de mercados. Primera Edición. Mexico:Servicios Express de Impresión,S.A de C.V

Kinnear.Thomas&Taylor.James (2012)Investigación de mercados. Quinta Edición.Mexico:Mc Graw-Hill

Moreno Gerardo. (2017). Todo lo nuevo que sabemos . 15-04-17, de Level up Sitio web: http://www.levelup.com/articulos/418176/ Todo-lo-nuevo-que-sabemos-de-Star-Wars-Battlefront-II

Universia México. (2015). 6 beneficios de jugar videojuegos según la ciencia. 08-10-15, de universia Sitio web: http://noticias.universia. net.mx/educacion/noticia/2015/10/08/1132146/6-beneficios-jugar-videojuegos-segun-ciencia.html

@doolcevita. (2016). Beneficios de jugar videojuegos. 5-06-2016, de cosmopolitan Sitio web: http://www.cosmoenespanol.com/ salud-y-fitness/news/14/01/28/que-beneficios-tiene-jugar-videojuegos/

Capítulo 5

EL DISEÑO DE UN
PRODUCTO

Introducción.-

La importancia del desarrollo de productos (productos o servicios) en las empresas consiste en identificar de manera constante, cuales son las necesidades actuales de los consumidores (clientes actuales y futuros), con la intención de crear satisfactores que puedan ser comercializados y de esta manera obtener:

a).- Clientes satisfechos que a la postre serán nuestros mejores promotores entre los consumidores.

b).- Y por consecuencia obtener ingresos que permitan a las empresas operar, actualizarse y crecer.

El desarrollo de productos es importante para el consumidor, necesario para la empresa y estratégico para la nación.

Beneficios del Desarrollo de Productos para el País.-

Para cualquier país, el desarrollo y producción interna de los productos en los que posee ventajas comparativas y competitivas, produce los siguientes resultados:

1.- Aumenta el nivel de preparación científica y tecnológica en la población que se aplica a la generación de nuevos productos.

2.- Incrementa el empleo interno, genera puestos de trabajo en investigación y desarrollo tecnológico aplicado.

3.- Mejora la balanza comercial, pues reduce importaciones e incrementa las exportaciones.

4.- Reduce la dependencia del país con respecto a la importación de productos.

5.- Promueve la imagen del país dentro y fuera del mismo e incrementa la autoestima como nación capaz y progresista.

6.- Con el desarrollo de productos un país incrementa el nivel de vida y bienestar de sus habitantes.

Importancia del desarrollo de productos para la empresa.-

Para las empresas, desarrollar o integrar paulatinamente nuevos productos a la mezcla que manejan, es cuestión de vida o muerte. El desarrollo de productos ofrece los siguientes beneficios a las Organizaciones:

a).- Incrementar Utilidades.-
b).- Aprovechar nuevas regulaciones.-
c).- Incrementar la Participación de Mercado.-
d).- Incrementar la capacidad competitiva.-
e).- Reemplazar o revitalizar Productos.-
f).- Adaptación a nuevas condiciones de la demanda por cambios demográficos.-
g).- Integrar avances Tecnológicos.-
h).- Detección de necesidades y/o deseos insatisfechos.-
i).- Defender y aprovechar mercados.-
j).- Promover la imagen de la empresa.-
k).- Permanecer en el mercado.-

Beneficios del desarrollo de Productos para el consumidor.-

Al Consumidor el desarrollo de productos le proveerá de mejores satisfactores para sus necesidades y deseos.

En el mundo no sólo existe o se requiere de alta tecnología y producción robotizada para satisfacer al consumidor. También se desea y aprecia diversos productos con tecnología tradicional, impregnados de sensibilidad, buen gusto e imaginación.

Mientras mayor sea la creatividad, imaginación y aplicación de nuevas tecnologías, mayor será el nivel de novedad del producto con respecto al universo de productos conocidos. Los niveles de novedad de los productos, presentados de menor a mayor son:

> Imperceptible para efectos de Reducción de Costos.- Pequeñas variaciones imperceptibles en el producto, principalmente sustitución de materias primas por otras de menor costo.

> Reposicionamiento.- Esencialmente es el mismo producto, lo que cambia es su presentación, envase, diseño gráfico y/o marca. (Cambio cosmético).

> Mejora a Productos existentes.- La mejora implica introducir a los productos ventajas adicionales que mejoren su nivel de competitividad.

> Adición a líneas de Productos existentes.- Aunque estos productos son nuevos para empresa, no lo es la línea de productos a la que pertenecen.

> Nuevas Líneas de Productos.- Desarrollo de nuevos productos, dentro de líneas también nuevas para la empresa, sin embargo, no son nuevos para el mercado ya que existen otras alternativas.

> Productos nuevos en el ámbito mundial (invención).-

El éxito suele depender del esfuerzo organizado enfocado hacia el logro de objetivos. En lo que respecta al desarrollo de Productos, el éxito depende principalmente de tres factores: El Producto, La Capacidad de la Empresa y La Benevolencia del Mercado.

Es tan importante que el producto posea ventajas competitivas con respecto a la oferta de la competencia, como que tales ventajas sean evidentes a los ojos de los consumidores. Dentro de las ventajas más significativas que debe poseer el producto, están:

1.- Mejor Tecnología.-
2.- Mejor Diseño.-
3.- Mejor Calidad.-
4.- Menor Precio.-
5.- De moda.-
6.- Cualidad Ergonómica.-
7.- Producto Novedoso.-
8.- Producto Diferenciado.-
9.- Presentación.-
10.- Cualidad Ecológica.-
11.- Envase funcional y atractivo.-
12.- Diseño gráfico impactante.-

Una empresa que acciona y reacciona eficaz y rápidamente suele superar a organizaciones más antiguas y poderosas. A continuación se presentan las principales cualidades de las empresas que tienen relación con su éxito en el desarrollo de productos:

1.- Rapidez para detectar cambios y oportunidades y actuar en consecuencia.
2.- Aprovechamiento de las fuerzas de la empresa.
3.- Apoyo de la alta gerencia.
4.- No subestimar los costos.
5.- Contar con un grupo de desarrollo capaz y motivado.
6.- Estimar suficiente retorno sobre la inversión.
7.- Ausencia de conflictos entre los departamentos involucrados.
8.- Recursos suficientes para el desarrollo e introducción de los productos.
9.- No subestimar la competencia.

El éxito comercial resulta de la interacción de varios factores, cuyo objetivo es lograr una feliz unión entre el producto y el mercado. Hay situaciones del medio ambiente que facilitan el logro de esa unión, en tanto que existen otras que lo dificultan. Las facilidades y características relacionadas con el mercado que inciden en el triunfo comercial son:

1.- Que el producto esté de acuerdo con las necesidades y gustos del cliente.
2.- Que exista compatibilidad entre el producto y los patrones de consumo.
3.- Que haya mercado suficiente.
4.- Suficiente Promoción.
5.- Escasa y/o débil competencia.
6.- Apoyo adecuado de canales de distribución.
7.- Oportuna detección de cambios en el consumidor.
8.- Oportuna detección de cambios en el entorno.
9.- Lanzamiento en tiempo oportuno.
10.- Lanzamiento en el lugar adecuado.

1) Un Producto *es todo aquello favorable o desfavorable que una persona recibe en un intercambio. Un Producto puede ser un bien tangible, un Servicio o una Idea; o bien la combinación de los tres.*

Para la mayoría de las personas, el termino producto solo significa un bien tangible, sin embargo, los servicios y las ideas también son productos.

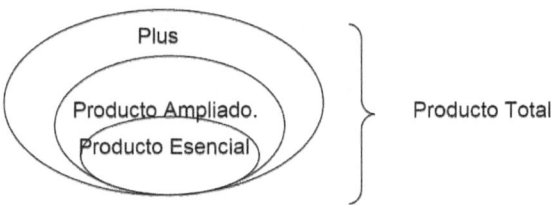

Fuente: Elaboración propia.

Estructura del Producto.- Por estructura del producto entendemos la distribución, niveles y orden de los elementos que lo componen, los cuales se agrupan en tres categorías: Producto esencial, Producto ampliado y Plus.

El Producto esencial es todo aquello que está directamente relacionado con la razón de ser o función básica del producto. Es el objeto o servicio básico desprovisto de toda la extensión o aditamento real o psicológico.

Producto esencial.
(Que es y que debe hacer?)

{

Función Básica. (Para que sirve?)

Tamaño.

Calidad. (Que tan bien lo hace?)

El Producto ampliado es todo aquello que acompaña al producto esencial, al cual le provee de alguna utilidad, sin que ello sea una función adicional. Suele ser algo físico y observable que acompaña al producto pero que no le provee de funcionalidad adicional.

Producto Ampliado.

{

El envase y embalaje.
                              La presentación.
El diseño Gráfico.
La Marca.

El Plus es el conjunto de elementos tangibles e intangibles que, a pesar de no formar parte física del producto, puede hacer que éste sea más o menos deseable

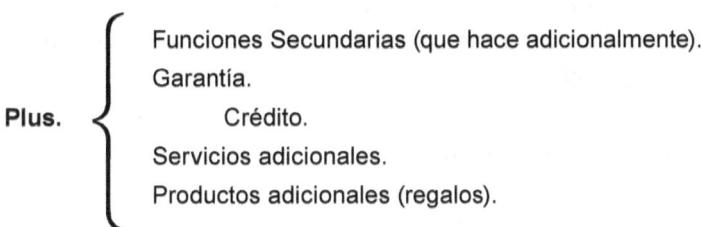

Plus. { Funciones Secundarias (que hace adicionalmente).
Garantía.
Crédito.
Servicios adicionales.
Productos adicionales (regalos).

TIPOS DE PRODUCTOS.-

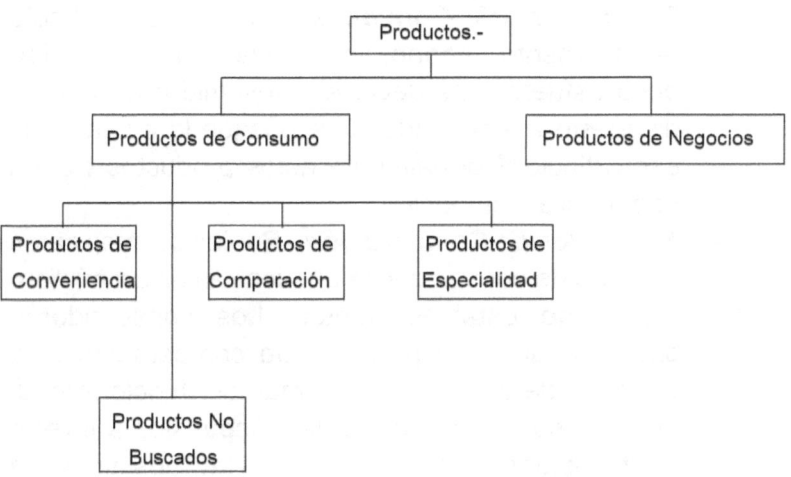

Fuente: Elaboración propia.

Los productos se clasifican como:

A).- PRODUCTOS PARA NEGOCIOS.-

Se emplean para fabricar otros bienes o servicios, facilitar las operaciones de una compañía o para la reventa a otros clientes.

B).- PRODUCTOS DE CONSUMO.-

Se compran para satisfacer las necesidades personales de un individuo. En ocasiones el mismo artículo se clasifica como productos para negocios o de consumo (Lámparas, Papelería, Computadoras, etc.).

> *Productos de Conveniencia.-* Es un artículo relativamente económico cuya compra exige poco esfuerzo. Es decir, el consumidor no estaría dispuesto a emprender una búsqueda extensa de ese artículo. Normalmente estos productos exigen una amplia distribución.
> *Productos de Comparación.-* Suelen ser más caros que uno de consumo y se encuentran en un número menor de establecimientos. Los consumidores suelen adquirir un producto de comparación solo después de analizar varias marcas, funcionalidad, precio y compatibilidad. Están dispuestos a invertir cierto esfuerzo en el proceso. Hay dos tipos de productos de comparación: Homogéneos (artículos básicamente similares, los consumidores buscan la marca con el precio más bajo). Heterogéneos (esencialmente diferentes y difíciles de comparar, buscan la mejor marca o el mejor precio).
> *Productos de Especialidad.-* Cuando los consumidores buscan un artículo específico y se

muestran renuentes a aceptar sustitutos. Los productos de especialidad utilizan una publicidad selectiva conscientes del estatus e imagen exclusiva de ese producto. Normalmente la distribución está limitada a uno o muy pocos productos de venta en un área geográfica determinada.

➢ ***Productos No Buscados.-*** Productos desconocidos para el comprador o productos conocidos que éste no busca de manera activa. Los nuevos productos tienen cabida en esta categoría hasta que la publicidad y la distribución lo den a conocer al consumidor.

Sin embargo, cuando de desarrollar nuevos productos se trata, es importante que las empresas tomen en cuenta las distintas variables del medio ambiente que se encuentran constantemente incidiendo sobre la manera de operar de éstas, a esto se le conoce también como el Entorno, el cual debe visualizarse como el Micro entorno y el Macro entorno, de la siguiente manera:

A).- Microentorno.- Conjunto de fuerzas presentes en el horizonte inmediato de la compañía. Zona de influencia en la que está instalada la empresa. Se definen seis fuerzas competitivas:

❖ Propia Empresa.- Comprende la cultura empresarial, clima laboral, políticas de investigación y desarrollo, cultura y forma organizacional, etc.
❖ Proveedores.- Compañías que surten a la empresa de materias primas para la producción y/o bienes para su distribución.
❖ Intermediarios.- Distribuidores, mayoristas, agencias de publicidad y marketing.
❖ Clientes.- Consumidor final.

❖ **Competidores.-** Empresas que compiten por el mismo mercado.

❖ **Grupos de personas con intereses comunes.-** Grupos que juegan un papel en los resultados finales de la empresa. Ejemplo: Asociación de defensa del consumidor, Organizaciones ecologistas, medios de comunicación, etc.

B).- Macroentorno.- Conjunto de fuerzas externas al sector industrial que no tienen importancia capital en el sentido relativo, ya que afectan por igual a todas las empresas, la clave se encuentra en las habilidades que tengan los directivos para enfrentarse a ellas. Estas fuerzas son:

❖ Económico – demográficas.-
❖ Tecnología.-
❖ Político – Legales.-
❖ Socio – Culturales.-

Las compañías de éxito son aquellas capaces de reconocer y responder en forma inmediata y rentable a las necesidades y tendencias que no han sido satisfechas en el macroambiente. Muchas compañías no creen que los cambios sean una fuente de oportunidades, logran los cambios o se remiten a ellos hasta que ya es demasiado tarde.

Las Compañías, Proveedores, Intermediarios, Clientes, Competidores y el público, inciden en un macroambiente de Fuerzas y Tendencias que le dan forma a las oportunidades y retos. Estas Fuerzas, "Factores No susceptibles de ser controlados", la Compañía les debe dar seguimiento y respuesta.

1.- Ambiente Demográfico.-

Es el incremento que ha sufrido la población mundial en diferentes ciudades, regiones y naciones, su distribución por edad y grupo étnico. Estas fuerzas se dividen en:

➢ Crecimiento Explosivo de la Población Mundial.- Existe preocupación del gobierno basado en diferentes factores. Es posible el agotamiento de los recursos naturales del planeta para sostener tantas vidas humanas. El crecimiento de la población es más elevado en países y comunidades que se encuentran menos preparadas para afrontarlo. Una población creciente significa el incremento de las necesidades humanas, sin que esto se traduzca en crecimiento de los mercados.

➢ Mezcla de la edad Poblacional.- Una población se puede dividir en seis grupos:
1.- Niños en edad Preescolar.
2.- Niños en edad Escolar.
3.- Adolescentes.
4.- Adultos jóvenes (de 25 a 40 años).
5.- Adultos de edad madura (de 45 a 65 años).
6.- Adultos de edad avanzada (de 65 años o más)

➢ Mercados étnicos.- Los países varían respecto a su conformación étnica y racial, cada grupo de la población tiene sus propios deseos y hábitos de compra. Por ejemplo:
1.- Formación de Hogares.- Se tiene que considerar cada vez más, las necesidades especiales de hogares no tradicionales.
2.- Cambios geográficos en la población.- El lugar en que se ubica la gente significa una diferencia a sus preferencias respecto a bienes y/o servicios.

3.- Cambio de un mercado masivo a micromercados.-
Se diferencia por edad, sexo, antecedentes
étnicos, estilo de vida, etc., cada uno tiene
preferencias marcadas y características de
consumo, se llega a ellos mediante el incremento
de difusión diferenciada y canales de distribución.

2.- Ambiente Económico.-

Consiste en el poder de compra disponible en una
economía que depende del ingreso actual, los precios,
documentos, deuda y la disponibilidad de crédito.

a).- Distribución del Ingreso.- La estructura industrial del
país es un determinante importante.

a.1.- Empresas de Subsistencia.- Gente que consume
lo que produce o lo intercambia por bienes y/o
servicios.

a.2.- Empresas exportadoras de materia prima.-
Ricas en uno o más recursos naturales, pero
pobres en otros aspectos, su ingreso proviene
de la exportación de estos recursos.

a.3.- Empresas en proceso de industrialización.-
Conforme se incrementa la actividad manufacturera,
el país depende de la importación de materia
prima, acero, maquinaria pesada y menos de la
importación de productos textiles terminados,
productos de papel y alimentos procesados.

a.4.- Empresas Industrializadas.- Importantes
exportadoras de bienes manufactureros y de
fondos de inversión.

b).- Ahorro, Deuda y disponibilidad de crédito.-

3.- Ambiente Natural.-

Los mercadólogos deben estar conscientes de los riesgos y oportunidades relacionados con cuatro teorías de ambiente natural que son:

1.- Escases de Materia Prima.-
2.- Aumento en los costos de energéticos.-
3.- Incrementos de los niveles de contaminación.-
4.- Cambios en el papel que juega el gobierno en la protección ecológica.-

4.- Ambiente Tecnológico.-

La Tecnología es una fuerza impresionante que modela la vida de las personas. Cada nueva tecnología es una fuerza de destrucción creativa. Toda tecnología trae consecuencias a largo plazo, no siempre predecibles.

a).- Ritmo acelerado de los cambios tecnológicos.-
b).- Oportunidad ilimitada en cuanto a innovación.-
c).- Presupuesto variable para investigación y desarrollo.-
d).- Mayor control sobre cambios tecnológicos.-

5.- Ambiente Político.-

Se compone de leyes, oficinas gubernamentales y grupos de presión que influyen y limitan a diversas organizaciones e individuos de la sociedad.

a).- Legislación excesiva para el control de las empresas.- Para proteger a las compañías de las demás empresas. Proteger a los consumidores de las prácticas de los comercios desleales. Proteger los intereses de la sociedad contra la conducta mercantil desenfrenada.

b).- Crecimiento de los grupos de interés.- Los comités de acción pública (CAP) presionan al gobierno y directivos de las empresas para que presten atención a los derechos del consumidor, de la mujer, de las minorías, etc.

6.- Ambiente Cultural.-

La Sociedad en la cual se desenvuelve la gente, da forma a sus creencias, valores y normas fundamentales. Principales características y tendencias que interesan:

a).- Los valores culturales esenciales tienen gran perspectiva.- Las creencias y valores se transmiten de padres a hijos y las principales instituciones sociales las fortalecen.

b).- Toda cultura está formada por subculturas.- Diversos grupos comparten valores que emanan de sus experiencias y circunstancias especiales de la vida.

c).- Cambio de valores culturales secundarios en el transcurso del tiempo.-

ESTRATEGIAS PARA EL DESARROLLO DE PRODUCTOS.-

Las estrategias son cursos amplios de acción que orientan el trabajo que conviene realizar para obtener los objetivos que pretende la Organización; incluyen además la asignación de recursos.

Las principales estrategias empresariales son múltiples y variadas, concentrándose en las siguientes categorías:

A).- Estrategias relativas a la producción.-
- ❖ Tipo de producción (por stock o sobre pedido)
- ❖ Forma de producir (mecanizada o artesanal)
- ❖ Volumen de producción (limitada o ilimitada)
- ❖ Tamaño de la línea de productos
- ❖ Lugar de producción (local, uso de maquila, etc.)

B).- Estrategias relacionadas con el producto.-
- ❖ Variabilidad con respecto a funciones y presentaciones
- ❖ Apariencia (diseño)
- ❖ Calidad
- ❖ Envase y embalaje
- ❖ Marcas y líneas

C).- Relativas al precio.-
- ❖ Nivel de precios en introducción, crecimiento, madurez y declive
- ❖ Descuentos y ofertas
- ❖ Precio al distribuidor, precio de exportación y precio al público

D).- Relativas al mercado.-
- ❖ Mercados y segmentos meta
- ❖ Canales de distribución

E).- Relativas a la promoción.-
- ❖ Acciones promocionales
- ❖ Medios y materiales promocionales
- ❖ Fuerza de ventas
- ❖ Publicidad

F).- Relativas al servicio.-
- ❖ Instalación
- ❖ Garantía

* ❖ Mantenimiento
* ❖ Facilidades financieras
* ❖ Capacitación
* ❖ Asesoría

G).- Estrategias aplicables al desarrollo de productos.-
* ❖ Proactivas
* ❖ Reactivas
* ❖ De capacidad
* ❖ Desarrollo interno versus externo
* ❖ Que hacer primero, identificar demanda o generar oferta?
* ❖ Mercado versus producto
* ❖ Tecnología y necesidades conocidas versus desconocidas
* ❖ Con relación a la competitividad (imitar o inventar)
* ❖ Integración de líneas de productos
* ❖ De posicionamiento
* ❖ Durante la etapa de madurez del producto.

REFERENCIAS BIBLIOGRÁFICAS:

Lerma K. Alejandro E. (2004). Guía para el Desarrollo de Productos. Ed. Thomson, México, 3a. Edición

Karl T. Ulrich & Steven D. Eppinger. (2009). Diseño y Desarrollo de Productos. Ed. Mc Graw Hill, México. 4a. Edición.

Payne Adriane. (1996). La esencia de la Mercadotecnia de Servicios. Ed. Prentice Hall, México.

Capítulo 6

ESTRATEGIAS DE MERCADOTECNIA

CASO: INDUSTRIA AUTOMOTRIZ

Análisis Situacional Y De Competitividad Del Sector Automotriz De La Zona Sur Del Estado De Tamaulipas, Caso (GENERAL MOTORS Y FORD MOTOR COMPANY)

Las empresas de giro automotriz han tomado como principales estrategias de competitividad la adopción de los modelos justo a tiempo y calidad total (que implican la subcontratación, el incremento en la responsabilidad de los proveedores y flexibilidad en la producción), la producción de vehículos a través de sistemas modulares y de plataformas, la relocalización de actividades de producción principalmente manufactureras en diferentes países para aprovechar ventajas en los costos de mano de obra, materias primas y recursos naturales, cercanía con los mercados de interés, los servicios relacionados con el consumidor final como servicios postventa y mantenimiento y sistemas de financiamiento (Álvarez Medina, 2002).

Sin embargo, la innovación más importante que se está dando actualmente dentro del sector automotriz es la fabricación de autos híbridos y eléctricos. En los últimos años se han realizado cuantiosas inversiones por prácticamente todas las grandes armadoras en el terreno de la investigación y desarrollo (I+D) a fin de desarrollar nuevas tecnologías híbridas y buscar combustibles alternos a las gasolinas, como son el etanol, diésel limpio y las pilas de combustible que funcionan con hidrógeno y emiten sólo vapor de gas.

Por otro lado, se ha dado también una importante restructuración del sector en términos de países y regiones. En los últimos años países como China y la India han tenido avances espectaculares en el sector automotriz: China, por ejemplo, de participar con sólo 0.2% de la producción mundial en 1991 se ubicó a partir de 2009 en el principal productor de vehículos desplazando a Estados Unidos y Japón, principales países productores por tradición. En 2011 China produjo 23% del total mundial de vehículos, manufacturando 18.5 millones de unidades (OICA, 2012).

De esta forma, la reestructuración del sector automotriz en el caso de la zona conurbada debe analizarse en dos sentidos: a partir de la innovación tecnológica en procesos organizacionales, y de la reconfiguración del mercado mundial de vehículos en términos del país, regiones y empresas.

En México, la industria automotriz también es una de las más dinámicas y competitivas. Representa una actividad importante para la economía nacional por los empleos, servicios y productos que de ella se derivan, por su aportación al producto interno bruto nacional (PIB) total y manufacturero y por los encadenamientos con otras actividades productivas.

A partir de la década de los ochenta la industria automotriz en México también se ha visto inmersa en importantes cambios, derivados fundamentalmente de tres aspectos: primero, de las estrategias aplicadas por las armadoras norteamericanas para hacer frente al desafío que representaban las armadoras japonesas que cada vez ganaban mayor espacio en el mercado estadounidense, el más importante en ese momento; segundo, como resultado de la aplicación de políticas específicas de apoyo al sector que se han plasmado en diversos decretos emitidos por el gobierno federal; y tercero, como resultado de la política macroeconómica que se ha dado en materia de comercio, específicamente el proceso de liberalización y de apertura económica en el cual se encuentra inmerso nuestro país desde la década de los ochenta, y de manera especial la firma del tratado de libre comercio con Estados Unidos y Canadá (TLCAN 2013), (Carbajal, 2013).

Los nuevos y modernos complejos automotrices se instalaron en su mayoría en el norte del país, específicamente en Coahuila, Sonora, Chihuahua, Baja California Norte y Tamaulipas, estados que presentan ventajas de localización como son bajos costos de producción, salarios, escasa tradición sindical, abundancia de mano de obra barata, reducidos costos unitarios, estabilidad política y laboral y proximidad a la frontera con Estados Unidos, principal mercado consumidor y proveedor del sector, (Carrillo y Ramírez, 1997).

En las nuevas plantas la transferencia de tecnología ha jugado un papel muy relevante, y se ha reflejado en el equipo, maquinaria y nuevas condiciones de trabajo (Moreno Brid, 1996), que contrasta ampliamente con las viejas armadoras de los años sesenta ubicadas en la zona centro del país. En estas nuevas plantas la mayoría de los trabajadores son jóvenes, más y mejor calificados para realizar una gama amplia de tareas, en contraste con la fuerza de trabajo de las plantas existentes. Estas diferencias han influido para la pérdida de competitividad y dinamismo del sector automotriz establecido en la región centro del país, concretamente en el Estado de México, (Vicencio, 2007).

Así, la región centro del país, específicamente el Estado de México, ha disminuido dramáticamente su participación en la industria automotriz, a diferencia de los estados de la región norte de México.

De esta forma, bajo el panorama de innovaciones tecnológicas, cambios y reestructuración del sector a nivel mundial y nacional, toma sentido el interés por conocer las condiciones

Actuales del sector automotriz-autopartes en México y específicamente en el Estado de México, (Carbajal, 2013).

Actualmente, los dos gigantes automotrices libran una feroz batalla por la cuota de mercado. GM es el líder del mercado en términos globales, pero los analistas están divididos en torno a quién es el verdadero ganador. También advierten del daño colateral, bajo la forma de gasto excesivo en incentivos de marketing, es decir, mecanismos promocionales (Carbajal,2013).

En los últimos 100 años, las dos compañías raramente han cambiado su posición. Ford lideró hasta finales de la década de 1920, cuando el Modelo T agotó su fuerza, y luego quedó rezagada permanentemente detrás de la máquina creada por Alfred P. Sloan, diseñada para dominar el mercado. En las décadas siguientes, Ford gozó de breves periodos de liderazgo en los años 80 y luego otra vez en los 90, pero GM se mantuvo imbatible hasta que comenzó a deslizarse hacia la bancarrota, en 2009, (Carbajal,2013).

Los analistas señalan que GM renunció a esos incentivos en marzo del 2011 y, como resultado, se ha visto afectada su cuota de mercado. El veterano analista Rod Lache, del Deutsche Bank, estima que GM, recortó sus incentivos por más de 1,000 dólares en marzo, y su cuota de mercado cayó a 17%, (Carbajal,2013).

General Motors como Ford Motor Company han tenido crisis empresariales, y esto se ha visto reflejado en las ventas de sus autos. Se analizará cómo cada una de las empresas ha sabido manejar cada uno de los problemas que se han ido presentando en los años de trayectoria que llevan, y cuál de ellas tiene una mayor ventaja competitiva ante su competidor en el mercado automotriz.

En este capítulo se presenta una investigación sobre el caso de las empresas Automotrices en México, a continuación se mencionan los objetivos de investigación de este proyecto así como la metodología para conocer los resultados que este mismo capítulo se mencionan.

Objetivo General

Analizar las condiciones actuales y los retos que enfrenta la industria automotriz en la zona conurbada, en términos de competitividad.

Objetivos Específicos

1. Analizar la evolución y reestructuración del sector automotriz en la zona

2. Conurbada, con la finalidad de conocer los principales cambios, tendencias y estrategias actuales dentro del sector.

3. Identificar los principales factores que señala la competitividad de la industria automotriz en el Tampico, Tamaulipas.

El estudio de la competitividad empresarial es importante para las empresas porque gracias a ello se ha podido ver crecimiento en el entorno económico y social y por qué las empresas están comprometidas con sus clientes a dar el mejor servicio y producto y cada vez mejorarlo, así poder conocer cuáles son las ventajas, desventajas, fortalezas, debilidades, oportunidades de crecimiento dentro de una empresas como de la competencia, e identificando las amenazas que vienen en el mercado laboral, conociendo así dentro de nuestro rubro que agencias automotrices están por entrar al mercado y como poder sobrellevar a las agencias ya existentes.

La capacitación y un buen reclutamiento son puntos estratégicos dentro de la empresa para poder llevarla siempre por un buen camino, podemos decir que de un buen reclutamiento deriva una buena productividad o servicio que se le quiera dar a la organización por eso de tal manera es importante saber contratar el personal adecuado y la experiencia necesaria para que pueda laborar de manera eficiente en la empresa. En esta investigación nos damos cuenta que es lo que han hecho las empresas para ser más competentes en el mercado de la zona sur de Tamaulipas que cada vez es más exigente, (Carbajal,2013).

La industria automotriz en México

En términos de producción, México en 2015 se mantuvo como el séptimo productor de vehículos a nivel global y el principal productor de América Latina; además, ese año registró un nuevo récord en la producción y exportación de vehículos ligeros y pesados, con 3.6 millones de unidades y 2.9 millones de unidades producidas, respectivamente.

Las armadoras Audi y Kia Motors anunciaron el inicio de operaciones de sus plantas en México para el año 2016, que en conjunto aportarán un total de 450,000 unidades adicionales a la producción del país, con lo que México podría convertirse en el sexto productor mundial de vehículos. Lo anterior, sin considerar un nuevo proyecto anunciado por Volkswagen para la manufactura del modelo Tiguan en Puebla. La relevancia del sector automotriz terminal y de autopartes en México queda claramente establecida al revisar los principales indicadores de la economía del país: el sector aporta 3% del Producto Interno Bruto (PIB) nacional y 18% del PIB manufacturero. Algunos de los factores que han ayudado a consolidar la industria automotriz terminal y de autopartes en México son: la rápida recuperación de los efectos de las crisis financieras globales; el atractivo de su actividad exportadora; el flujo de inversiones en el sector, y la ampliación de sus capacidades productivas. Hoy en día, la industria automotriz mexicana se encuentra entre las más dinámicas y competitivas del mundo.

Inversión en México

La reconocida calidad de manufactura automotriz mexicana ha hecho posible que diversas armadoras elijan a México como plataforma única de fabricación para todos sus mercados.

Hablando de una de las empresas abordadas en este estudio se presenta Ford:

En 2015, anunció la inversión de 2,500 millones de dólares para el incremento de su capacidad productiva en transmisiones y motores en México. Las inversiones anunciadas se destinaron a:

- La construcción de una nueva planta de transmisiones en Guanajuato con una capacidad de producción de hasta 800,000 unidades anuales.

- La expansión de su planta en Chihuahua y la construcción de una nueva planta de motores, para contar con una capacidad de producción de hasta un millón de motores al año.

- Adicionalmente, en abril de 2016 la empresa anunció la inversión de 1,600 millones de dólares destinados a una nueva planta de vehículos en San Luis Potosí.

Inversión mediante apertura comercial

Una de las razones por las que México se ha convertido en un país atractivo para la inversión automotriz, es su política de apertura comercial. Las grandes empresas armadoras han buscado aprovechar el carácter de México como plataforma de exportación, estableciendo operaciones de manufactura en el país para tener acceso a los atractivos mercados con los que tiene acuerdos comerciales, como Norteamérica, Brasil, Japón, la Unión Europea y la región que abarca el Tratado de Asociación Transpacífico (TPP). Asimismo, dichas empresas han considerado las ventajas competitivas que representan los costos de producción, la calidad y la experiencia de la industria automotriz mexicana, así como los bajos aranceles con los que pueden importar insumos, gracias a la red mexicana de tratados de libre comercio.

En la siguiente figura se expone el incremento que se ha registrado en la instalación de nuevas plantas automotrices en México, a partir de la firma de los acuerdos comerciales en los que participa el país.

A partir de la firma del TLCAN, casi se duplicó la participación de la producción de vehículos ligeros destinados al mercado de exportación, al pasar de 44.7% del total de la producción mexicana en 1993, a 83.9% en 1995, año a partir del cual se han mantenido proporciones similares.

Empresas en México

El sector automotriz terminal y de autopartes en México ha sido impulsado por la presencia productiva de 10 de las principales empresas armadoras de vehículos (ligeros y pesados) en el mundo: General Motors, Ford, FCA,

Volkswagen, Nissan, Honda, BMW, Toyota, Volvo Trucks y Mercedes-Benz Trucks. Recientemente Audi, BMW, Mercedes-Benz, Infiniti y Kia Motors anunciaron nuevos proyectos en México, con lo que se suman a la lista de armadoras de vehículos ligeros con presencia en el país.

En el rubro de vehículos pesados, en México se cuenta con operaciones de Manufactura de compañías como Daimler, Kenworth, Hino, Isuzu, Mercedes-Benz, Volvo, entre otras.

La mayoría de las empresas armadoras en México cuentan con proveedores de autopartes que se establecen alrededor de sus plantas para cumplir con las exigencias de volúmenes y tiempos de entrega. En los siguientes mapas se ubica a las principales armadoras de vehículos ligeros y pesados en México.

Ventaja competitiva de México

Infraestructura

México tiene excelentes vías de comunicación; su amplia red carretera y sistema ferroviario comunican las distintas regiones del país, así como sus fronteras norte y sur formando conexiones entre Estados Unidos, Guatemala y Belice, y sus costas al oeste y al este, uniendo los puertos del Océano Pacífico con el Golfo de México y el Mar Caribe, en el Océano Atlántico.

México cuenta con:

- 76 aeropuertos (63 internacionales y 13 nacionales).
- 117 puertos marítimos (69 de altura y cabotaje y 48 de cabotaje).

- 27,000 kilómetros de vías férreas.
- Más de 378,000 kilómetros de carreteras.

Costos de manufactura

En comparación con Estados Unidos, México ofrece un ahorro de 12.3% en costos de manufactura de autopartes, 16.3% en componentes metálicos, 9.8% en componentes de precisión y 15.2% en insumos de plástico utilizados para la industria.

Bajos aranceles

México es el segundo país con mayor número de Tratados de Libre Comercio (TLC) en el mundo. El país cuenta con una red de TLC y Acuerdos de Asociación Económica (AAE), que garantiza un acceso preferencial a los mercados de 46 naciones, entre los que se encuentran las economías más grandes del planeta, como Estados Unidos, Canadá, los 27 países de la Unión Europea y Japón. Lo anterior significa que México tiene acceso preferente a más de mil millones de consumidores potenciales, que representan 64.9% del PIB mundial. Las estrategias exportadoras de las grandes armadoras con presencia en México están apoyadas en las ventajas que ofrecen los diversos TLC de México, en especial el TLCAN, y que convierten al país en una excelente plataforma de exportación a Estados Unidos y otros países, manteniendo la posición de la industria en niveles altamente competitivos.

Adicionalmente, México ha reducido el arancel promedio de 13% a 7.5% en 2014 para todo el mundo. Lo anterior, permite elevar la rentabilidad de las empresas establecidas en México, ya que pueden acceder a insumos y productos finales a precios competitivos. Un TLC beneficia a los países que conforman una zona comercial. Para determinar cuáles bienes podrán gozar de trato arancelario preferencial se utilizan las reglas de origen. La siguiente tabla muestra las reglas de origen relacionadas con la industria automotriz que se derivan de los diferentes TLC y acuerdos de cooperación económica firmados por México.

METODOLOGÍA

La investigación sobre las empresas de esta industria en estudio va encaminado a la realización de una investigación de mercados en donde se describen las características de la Industria Automotriz de carácter descriptivo, es decir para la recopilación de la información se emplean cuestionarios y la observación.

Se realizarán dentro de la zona sur de Tamaulipas, con la finalidad de hacer un análisis a través de las herramientas ya antes mencionadas.

La recopilación de la información se basa en fuentes primarias y secundarias; la primera trata de la aplicación de cuestionarios dirigidos a las agencias automotrices y a los futuros compradores de automóviles nuevos. La información de carácter secundario se realizará por medio de datos estadísticos, diagrama de Porter, análisis FODA, Marketing mix y material bibliográfico.

El muestreo será de carácter aleatorio, es decir, que solo interesan personas que adquieran automóviles en las agencias existentes en Tampico Tamaulipas (Chevrolet y Ford) este tipo de carácter se refiere a los clientes que llegan a las agencias automotrices, pueden ser hombres o mujeres.

La metodología que se emplea es con el fin de obtener información necesaria que ayude a dar solución a nuestra problemática.

La investigación es dirigida a hombres y mujeres de la ciudad de Tampico Tamaulipas que acuden a las agencias Ford y Chevrolet con el fin de obtener un bien. Los datos recopilados no solo corresponden a los bienes tangibles, sino que también corresponde a los servicios ofrecidos, esto puede referirse a la atención de servicio al cliente (como son amabilidad, ser servicial y atento)

La muestra abarca a 100 que se consideran clientes potenciales para adquirir un automóvil del total de las personas.

RESULTADOS

Se presentan los resultados del análisis realizado para determinar las fortalezas, debilidades, oportunidades y amenazas del producto, cliente, organización y competencia. Cabe mencionar que la determinación de los elementos del FODA es importante porque permite determinar de forma objetiva en qué aspectos el sistema producto tiene ventajas respecto de su competencia y cuáles necesita mejorar para poder ser más competitivo. Este análisis se efectúa por parte del equipo tomando en consideración las características de las empresas Ford y Chevrolet a nivel local.

Tabla 1 Análisis FODA Producto (Ford Motor Company), Fuente: Elaboración propia.

Fortalezas	Debilidades
• Productos con altos estándares de calidad. • La tecnología que tienen todas las líneas de sus productos. • La comodidad de cada diseño. • La seguridad es esencial. • Amplia gama de productos.	• Precios más altos en relación con vehículos de la misma categoría. • Alto costo de mantenimiento. • Modelos similares a los del mercado.
Oportunidades	Amenazas
• Globalización de la producción. • Alianzas estratégicas. • Marca posicionada mundialmente.	• Disminución de demanda de vehículos debido al aumento de los precios de los combustibles. • Entrada al mercado de modelos a bajo precio.

Tabla 2 Análisis FODA Organización (Ford Motor Company), Fuente: Elaboración propia.

Fortalezas	Oportunidades
• Fuerte cartera de negocios • Fuerte capacidad de ingeniería • Amplia red de distribuidores y concesionarios	• Retiro de productos • Disminución de la eficiencia de operación y menor rentabilidad. • Baja capacidad de producción de vehículos ligeros en los mercados desarrollados.
Debilidades	Amenazas
• Lanzamiento de nuevos modelos de vehículos híbridos. • La creciente demanda de vehículos de combustible dual. • Nuevos mercados en India y China.	• Disminución continúa de la cuota de mercado. • Regulaciones de vehículos en la Unión Europea. • La desaceleración económica en los EE.UU y la zona euro.

Tabla 3 Análisis FODA Cliente (Ford Motor Company), Fuente: Elaboración propia.

Fortalezas	Oportunidades
• Marca posicionada dentro de la mente del consumidor. • Fidelización de los clientes hacia la marca.	• No se le da un seguimiento post-venta a los clientes. • Mal perfil crediticio por parte del cliente.
Debilidades	Amenazas
• Facilidad de información por medio de las redes sociales. • Diferentes métodos de financiamiento.	• Mala experiencia del cliente hacia la marca. • Malas recomendaciones de otras personas al cliente.

Tabla 4 Análisis FODA Competidor (General Motors), Fuente: Elaboración propia.

Fortalezas	Oportunidades
• Mejor infraestructura en las instalaciones de sus concesionarias. • Marca ampliamente reconocida	• Algunos modelos carecen de calidad en la fabricación. • Planes de financiamiento más costosos • Deficiente capacidad del control del servicio.
Debilidades	Amenazas
• Los modelos que manejan son similares a la competencia (Ford) pero con un precio más económico. • Buena participación en el mercado automotriz.	• Creciente aumento en la competencia del mercado automotriz

Tabla 5 Análisis FODA Cliente (General Motors), Fuente: Elaboración propia.

Fortalezas	Oportunidades
• Planes de financiamiento accesible • Descuentos a clientes preferenciales • Excelente servicio de post-venta • Mantenimientos eficaces	• Los costos de los automóviles son muy elevados • El costo de los servicios (mantenimiento) son muy elevados • La mayoría de las piezas (en caso de hacer un cambio) se deben comprar exclusivamente en la empresa Chevrolet. (Como pieza original) • Disminución del valor del automóvil después de salir de la agencia
Debilidades	Amenazas
• Facilidad de información por medio de las redes sociales. • Diferentes métodos de financiamiento.	• La competitividad de la misma marca en el mismo mercado se ha posicionado con diferentes dueños • La llegada de nuevas marcas en el mercado con precios más bajos.

Tabla 6 Análisis FODA Competidor (Ford Motor Company) Fuente: Elaboración propia.

Fortalezas	Oportunidades
• Fuerte cartera de negocios • Fuerte capacidad de ingeniería • Amplia red de distribuidores y concesionarios	• Retiro de productos • Disminución de la eficiencia de operación y menor rentabilidad. • Baja capacidad de producción de vehículos ligeros en los mercados desarrollados.

Debilidades	Amenazas
• Lanzamiento de nuevos modelos de vehículos híbridos. • La creciente demanda de vehículos de combustible dual. • Nuevos mercados en India y China.	• Disminución continúa de la cuota de mercado. • Regulaciones de vehículos en la Unión Europea. • La desaceleración económica en los EE.UU y la zona euro.

Análisis de competitividad de Porter, (1982).

Michael Porter es uno de los autores más representativos de la administración estratégica a nivel mundial. La introducción de su libro Estrategia Competitiva en 1982 inició una corriente intelectual donde la administración estratégica tomó relevancia para autores, compañías, sectores económicos y hasta economías enteras. Muchos autores importantes basaron sus estudios en los conceptos de Porter y estos conceptos poco a poco tomaron relevancia en empresas a nivel mundial.

Sus conceptos buscaron un punto de partida para entender la posición estratégica de una compañía o sector con respecto a los factores tangibles e intangibles que los rodean.

Para Porter hay cinco fuerzas de competitividad que determinan la posición estratégica de una compañía:

- La amenaza de la competencia potencial.
- La rivalidad entre competidores actuales.
- La amenaza de productos sustitutos El poder de negociación de los compradores de los productos de la compañía.

- El poder de negociación de los proveedores de la compañía.

A continuación, los puntos claves a tener en cuenta de cada una de las fuerzas de competitividad de Porter, expuestos en (Porter, Estrategia Competitiva, 1982).

Análisis de competitividad empleado en el sector automotriz:

a).-Fuerza 1: Amenaza de Competencia Potencial

Los competidores potenciales de las agencias pueden ser tanto las marcas de vehículos que ingresen al país como importadores que ingresen al país realizando una inversión para montar una unidad de venta.

Cualquier marca de vehículos puede ingresar relativamente fácil al mercado de la zona sur de Tamaulipas como vendedor. Los TLCs con Estados Unidos, Corea y la Unión Europea podrían facilitar la entrada de vehículos provenientes de estos países con beneficios arancelarios.

Los vehículos chinos también amenazan de una manera importante el mercado ya que han crecido en variedad y usualmente tienen un costo muy competitivo.

b).-Fuerza 2: Rivalidad de competidores actuales

El mercado local de comercialización de automóviles en la zona conurbada es altamente competido.

Las agencias de autos compiten directamente con los importadores de vehículos de marcas europeas y americanas. En otras palabras, la competencia de las agencias actuales son las nuevas agencias que actualmente se empiezan a instalar en la zona.

Un punto importante a destacar en la competencia actual es que una gran proporción del mercado de los vehículos en la zona sur son importados y dependen del costo de la divisa extranjera, en periodos de devaluación éstas tienden al alza y encarecen el costo del vehículo.

C.-Fuerza 3: La amenaza en el mercado de Productos Sustitutos

Un producto sustituto es aquel que es capaz de entregar al comprador la misma funcionalidad y los mismos servicios que los automóviles. Esto quiere decir que cualquier vehículo sustitutivo del automóvil es aquel que pueda transportar a las personas.

Bajo esta definición de producto sustituto, se tendrían que evaluar diversos medios de transporte que el consumidor final podría elegir para sustituir el automóvil. Se define que los productos sustitutivos son los siguientes:

- ❏ Motocicletas
- ❏ Taxis
- ❏ Autobuses

Determinar la amenaza de los productos sustitutivos en la zona conurbada necesitaría realizar encuestas para entender qué tan propenso es la zona para cambiar masivamente su forma de transportarse, por desgracia se sale del alcance de este trabajo, García N. (2018).

d).-Fuerza 4: Poder de negociación de los Compradores de la Compañía

Las agencias estudiadas tienen dos tipos de clientes: el consumidor final y el comercializador. Se realizará el análisis del poder de negociación de ambos tipos de clientes.

La creciente clase media, la entrada al país de marcas extranjeras de buena calidad como Kia y Hyundai y la condición económica del mexicano promedio hace que cada vez los vehículos de gama baja-media sean más apetecidos. Aunque en la actualidad el cliente final puede no tener tanto poder de negociación sobre el vendedor, éste deberá tener como reto siempre estar ofreciendo mejor calidad con el mismo precio; esto es crecer en competitividad.

El usuario espera tener vehículos de precios bajos, pero con detalles importantes como conectividad, digitalización del vehículo y eficiencia energética; es probable que el auto importado ofrezca más fácilmente este tipo de cosas. Con la apertura económica y la entrada masiva de vehículos importados de diferentes partes del mundo el ensamblador deberá crecer en competitividad y en tecnología para poder competir activamente, García N. (2018).

e).-Fuerza 5: El poder de negociación de los proveedores

La línea de ensamble automotriz en México tiene dos tipos de proveedores principales:

Los proveedores de autopartes nacionales y los proveedores de autopartes internacionales.

Proveedores locales

Los proveedores nacionales de la industria automotriz usualmente tienen certificación de sistemas de gestión como la norma internacional TS – 16949 y la mayoría de los proveedores locales fabrican las autopartes bajo normas de producto como ISO y ASTM. Normalmente, el uso de estas normas es requisito de las casas matrices de las ensambladoras para todos sus proveedores.

Ahora, esto limita el número de proveedores ya que adquirir el conocimiento de este tipo de normas es costoso e implica la constante capacitación al personal administrativo y operativo y el mejoramiento continuo de los sistemas de gestión. Las barreras de entrada a esta industria son altas y volverse proveedor de las ensambladoras es difícil debido al alto nivel de especialización que requieren.

Proveedores Internacionales

Según Andi,(2015) los proveedores internacionales de las ensambladoras de autos son las casas matrices. Las casas matrices usualmente son las marcas principales de los vehículos comercializados. Las casas matrices principales en México son Ford Motor Company, Renault y Chevrolet. Las casas matrices proveen gran parte de los componentes más especializados de los vehículos, como lo son en orden de importancia:

1. Motor, sistema de arranque
2. Transmisión, cajas de velocidad, embrague
3. Chasis
4. Partes grandes de carrocería como puertas, capot, techo, baúl

Ahora, estos componentes son de alta complejidad y no son suministrados por la industria local por la falta de capacidad de desarrollo. Son la columna vertebral del vehículo y no tienen sustitutos localmente, Autores (2018).

En años recientes, el método comparativo ha visto importantes desarrollos que amplían significativamente nuestra capacidad analítica dentro de la tradición cualitativa. En este trabajo hemos presentado estrategias comparativas: la identificación de condiciones necesarias a través del método de similitud; el análisis de condiciones individualmente necesarias y suficientes a través del método de diferencia; En particular el análisis comparativo puede requerir un esfuerzo notable. Las agencias automotrices comparadas en esta investigación son empresas con muchísima experiencia dentro del mercado automotriz, GM Chevrolet Tampico Sales con más de 80 años en la ciudad y la empresa Ford Automotriz Tampico con más de 40 años de experiencia.

La información analizada permite afirmar que la estructura actual de esta industria sigue colocando a México en especial a la zona sur del estado de Tamaulipas (Tampico) en una posición competitiva aceptable en el panorama internacional, pero con una tendencia ascendente ante el crecimiento de competencias emergentes. Esta situación debe ayudar en gran medida al fortalecimiento y crecimiento del mercado siempre y cuando se busque alinear el desarrollo estratégico de toda la industria automotriz con los planes individuales de cada agencia tanto de la ciudad como de todo el país, siendo las compañías norteamericanas, europeas y asiáticas las que nos fortalecen de buenas ideas y dando buenos resultados en coches.

Gracias a la investigación realizada y analizando todos los resultados mediante los análisis FODA y todos los análisis bien interpretados tenemos como resultado que la empresa automotriz Chevrolet es preferencial sobre su competencia directa en esta investigación, sobre varios factores como lo son el aspecto, debido a que se dice tienen mejores modelos tanto en automóviles, deportivos y en camionetas, la absorción son factores diferenciadores entre sus productos pero también la experiencia o recuerdos que evocan e incitan a la compra. Además, las características extrínsecas como precio, facilidades de pago, mejor publicidad, practicidad, diseño también son elementos que influyen a la hora de elegir un producto entre una agencia y otra, la pregunta aquí para la otra agencia automotriz.

REFERENCIAS

López, Gustavo Ernesto.Chevrolet Chevy 250 De Luxe Automatic. (En línea). http://www.testdelayer.com.ar/chevyautomatic

Porter, Michael E. Estrategia competitiva Técnicas para el análisis de los sectores industriales y la competencia. México CECSA 1.995

Porter Michael E. La ventaja competitiva de las naciones. Buenos Aires Javier Vergara Editor 1.991

OEM (2009). Top 100 global part supliers. Ranked on 2008 global OEM automotive parts sales. Reserch Departament. UWA, Detroit. OICA

Kotler, P. y Gary A. (2008). Fundamentos de marketing, (octava edición). México: Pearson Educación.

David, F. (2008). Conceptos de administración estratégica, (décima primera edición).México: Pearson Educación. http://corporate.ford.com/homepage.html

Asociación Mexicana de la Industria Automotriz, A. C. (s. f.). Boletín de Prensa. Consultado el 14 de abril de 2015 http://www. amia.com.mx/

Gearen, J., Hines, S., Hobstetter, D., Jayagopi, D., Meissner, S., Nothwang, J., Putterman, K. y Yamamoto, M. (2006). Strategic Transformation of Ford Motor Company. Consultado el 28 de Agosto de 2014.

(2010). Información Estadística. Asociación Mexicana de la Industria Automotriz,

A. C. México. http://www.amia.com.mx. (8 de febrero del 2010).

https://www.ford.es/acerca-de-ford/sobre-nosotros/informacion-corporativa

https://noticias.autocosmos.com.mx/2018/01/31/los-30-vehiculos-mas-vendidos-en-mexico-durante-2017

http://www.scielo.org.mx/scielo.php?script=sci_arttext&pid=S0186-10422007000100010

Manuales y estudios exclusivos de la empresa Chevrolet Tampico SALES facilitados para el trabajo de investigación de grado Tesis "Impacto del branding en la empresa GM Chevrolet Tampico SALES".

Programa estratégico de la industria automotriz 2012-2020 subsecretarías de industria y comercio (2012).

CHEVROLET. General Motors Colmotores. (En línea). Google. Disponible

En Internet. URL: http://media

Capítulo 7

LA COMERCIALIZACIÓN EN EL SIGLO XXI

Introducción al marketing de internet

Actualmente, las tecnologías cambiantes, la globalización, la desregulación y el empoderamiento de los clientes, son algunos de los factores que afectan el marketing en el siglo XXI. Entre las últimas tecnologías que impulsan las decisiones de compra en todo el mundo, se encuentran los blogs, Facebook, LinkedIn o Twitter, las plataformas sociales están actuando como una herramienta crucial para la adquisición del producto/servicio por parte del cliente. A medida que las redes sociales crecen, su poder para dar forma a las conversaciones de los consumidores y amplificar la opinión de boca en boca va en aumento.

El siglo XXI ha visto el advenimiento de la nueva economía, gracias a la innovación y el desarrollo tecnológico. Para entender la nueva economía, es importante entender en pocas palabras las características actuales y las de la vieja economía.

En contraste, gracias a la revolución digital, la nueva economía ha visto el poder de compra en todo momento. Los consumidores tienen acceso a la información de todos los tipos de productos y servicios. Además, la estandarización ha sido reemplazada por una mayor personalización con un aumento dramático en términos de oferta de productos. La experiencia de compra también ha cambiado con la introducción de la compra en línea, que se puede hacer 24 horas al día, 7 días a la semana, con productos que se entregan directamente a domicilio.

Las empresas también han aprovechado la información disponible y están diseñando programas de marketing más eficientes entre los consumidores, así como el canal de distribución. La revolución digital ha aumentado la velocidad de la comunicación móvil, el correo electrónico SMS, etc.

Esto ayuda a las empresas a tomar decisiones más rápidas y a implementar estrategias con mayor rapidez.

La conducción y administración de los negocios, ha sido Ajustada debido a la revolución digital que se da en el siglo XXI. Una tendencia importante observada es la necesidad de sistemas y procesos de líneas de flujo con el enfoque en la reducción de costos a través de la tercerización. Otra tendencia observada en las empresas es fomentar el estilo de trabajo emprendedor en un ambiente con enfoque global-local. Al mismo tiempo, los especialistas en marketing de las empresas esperan construir una relación a largo plazo con los consumidores. Esta relación establece una plataforma que comprende las actitudes, aptitudes, necesidades y preferencias del consumidor. Los vendedores están buscando canales de distribución como socios en los negocios y no como clientes. Las empresas y los vendedores están tomando decisiones utilizando varios modelos simulados de computadoras.

Actualmente millones de usuarios acceden y usan Internet para diversos fines a lo largo del día. Usan Internet para buscar, navegar, escribir y comunicarse, escuchar, ver noticias, videos, publicar copias, imprimir, conversar, comercializar y vender, etc. La lista de actividades y elecciones que Internet ofrece a los individuos se expande cada vez más. Con millones de usuarios buscando activamente diversos productos, información y servicios, existe una gran oportunidad de negocio, que se presenta a cada minuto, para que las empresas la aprovechen.

Las tecnologías de la información y las comunicaciones han ayudado a construir una plataforma que ha permitido a las empresas sacar provecho de la enorme población y el mercado que ahora es accesible a través de Internet y venderles.

Una estrategia de marketing en Internet comienza con la comprensión del escenario actual del mercado. Después de analizar el escenario del mercado, las empresas desarrollan un plan de marketing y objetivos específicos relacionados con Internet. Para alcanzar los objetivos del canal de Internet, las empresas desarrollan el plan de marketing en Internet. Después de desarrollar y definir el plan de marketing en Internet, el siguiente paso es analizar la presencia en línea de la empresa. La compañía puede comenzar a trabajar en la implementación de la estrategia de marketing, si ya tiene una presencia en línea.

Si no existe un monitoreo constante de la estrategia, esta se consideraría incompleta, por lo que se requiere dicha estrategia modificada y reelaborada basada en comentarios positivos o negativos.

La integración de Internet se puede hacer a través del análisis basado en escenarios. En el análisis basado en escenarios, se crean varias simulaciones de mercado para explorar diferentes posibilidades. La función de marketing en Internet en todos los escenarios debe explorarse para aprovechar al máximo. El desarrollo de la estrategia de marketing en Internet debe seguir el mismo camino que el de cualquier estrategia de marketing, sin olvidar la singularidad que aporta Internet a la empresa.

El Plan de Marketing Digital como estrategia para la toma de decisiones

Marketing digital

El marketing digital significa utilizar tecnologías como sitios web, dispositivos móviles y medios sociales para ayudar a alcanzar la base de clientes, crear conciencia de marca y vender productos o servicios. Estas tecnologías se pueden utilizar de manera económica y eficaz, independientemente del tamaño de la empresa o modelo de negocio.

Los fundamentos del marketing siguen siendo los mismos - crear una estrategia para entregar los mensajes correctos a las personas adecuadas. Aunque las empresas seguirán haciendo uso de los métodos tradicionales de marketing, como publicidad, correo directo y relaciones públicas, el marketing digital añade un nuevo elemento a la mezcla de marketing. Su carácter flexible y rentable lo hace especialmente adecuado para las pequeñas empresas.

Los beneficios del marketing digital

La mercadotecnia digital ofrece a las empresas de cualquier tamaño acceso al mercado de masas a un precio asequible y, a diferencia de la televisión o la publicidad impresa, permite una comercialización verdaderamente personalizada.

Los beneficios específicos del marketing digital incluyen:

Alcance global: un sitio web le permite encontrar nuevos mercados y el comercio global para sólo una pequeña inversión.

Costo más bajo: una campaña de marketing digital bien planeada y efectivamente dirigida puede llegar a los clientes adecuados a un costo mucho menor que los métodos de marketing tradicionales.

Resultados mensurables y rastreables: la medición del marketing online con análisis web y otras herramientas de métricas en línea facilita el establecimiento de la eficacia de campaña. Puede obtener información detallada sobre cómo los clientes utilizan el sitio web del negocio o responden a su publicidad. La analítica web puede configurarse para mostrar exactamente cuánto dinero obtiene de cada táctica digital.

Personalización: si la base de datos de clientes está vinculada al sitio web, cada vez que alguien visite el sitio, se puede saludar con ofertas específicas. Cuanto más compran, más se puede refinar el perfil del cliente y el mercado eficazmente dirigido a ellos.

Apertura: al involucrarse con las redes sociales y administrarlo cuidadosamente, se puede crear lealtad de los clientes y crear una reputación por ser fácil de involucrarse.

Moneda social: el marketing digital permite crear campañas atractivas utilizando diferentes tipos de contenido multimedia. En Internet estas campañas pueden ganar dinero social - pasando de usuario a usuario y volviéndose viral.

Tasas de conversión mejoradas: si se tiene un sitio web, los clientes sólo están a unos pocos clics de completar una compra. A diferencia de otros medios que requieren que la gente se levante y haga una llamada telefónica, o ir a una tienda, la comercialización digital puede ser perfecta e inmediata.

En conjunto, todos estos aspectos del marketing digital tienen el potencial de sumar más ventas.

Un sitio web proporciona un punto de contacto permanente con los clientes y puede ser una forma útil de recopilar información para propósitos de marketing digital y para construir relaciones exitosas con ellos.

La organización debe hacer que la información que proporcione sobre la misma sea lo más atractiva posible. Se debe pensar en lo que se puede agregar al sitio web que beneficiará a sus clientes y agregar valor, por ejemplo, descuentos en línea a los productos o servicios que el negocio proporciona.

Los blogs y las redes sociales pueden ser otra forma de proporcionar contenido más atractivo para los clientes, alentándolos a volver (Wind & Mahajan, 2002). Se debe considerar crear contenido que los usuarios encuentren entretenido, interesante o útil. Por ejemplo, un proveedor de alimentos podría publicar recetas que usan sus productos.

Responder a las preguntas más frecuentes que los clientes hacen en el sitio web y en las redes sociales demuestra que se está listo para ayudar y se puede reducir el número de consultas telefónicas.

Proporcionar un servicio de correo electrónico para consultas y comentarios de los clientes, pero asegurarse de que alguien los revise regularmente. Responder a las preguntas con prontitud y dejar que la gente sepa que sus comentarios son apreciados.

Muchas empresas piden a los visitantes por primera vez a su sitio para registrarse. Esto puede ser útil para recopilar estadísticas y direcciones de correo electrónico para envíos directos.

Pero pedirle a la gente que se registre enseguida puede ponerlos fuera. La mayoría de la gente no se inscribirá a menos que haya un incentivo para hacerlo, como una oferta especial o acceso a información adicional que no esté disponible para los no suscriptores. Se debe solicitar los detalles mínimos posibles. Existen algunas consideraciones legales si se pretende recopilar datos personales.

Muchas empresas invierten en un sistema de gestión de relaciones con clientes (CRM) para mejorar sus servicios al cliente. El sistema de CRM trae información como datos de clientes, patrones de ventas, datos de marketing y tendencias futuras junto con el objetivo de identificar nuevas oportunidades de ventas, ofrecer un mejor servicio al cliente u ofrecer servicios y ofertas personalizadas. Si el sitio web utiliza un sistema de gestión de contenido, puede ser posible integrarlo con el CRM - para ofrecer un marketing más orientado a los clientes en línea.

Un sistema de CRM es también una manera muy eficaz de manejar las quejas de los clientes. Un sistema CRM bien administrado puede tener gran efecto en la reputación si se gestiona bien.

Desarrollo del plan de marketing digital

Es importante reconocer que la planificación para el marketing digital no significa partir de cero (Alonso, 2008). Cualquier comunicación en línea debe ser coherente y trabajar con los objetivos globales de marketing y los esfuerzos de marketing actuales del negocio (Chaffey & Smith, 2013).

Las etapas de la planificación de marketing digital

Los principales componentes de un plan de marketing digital incluirán típicamente etapas que se describen a continuación.

Identificar al público objetivo:

Si se identifica varios objetivos, se clasifica en orden de importancia para que se pueda asignar recursos en consecuencia. Hacer un perfil de cada grupo objetivo y comprender sus requisitos y expectativas. Este tipo de segmentación de clientes ayudará a elegir las tácticas adecuadas para el plan.

Entender a los competidores:

Se debe localizar el perfil de los competidores y el mercado en el que se opera. ¿Qué tipos de marketing en línea utilizan los competidores y qué tan bien realizan? Este tipo de benchmarking ayudará a entender el entorno en el que se está operando.

Establecer los objetivos:

Los objetivos posibles podrían incluir aumentar la conciencia de la marca, mejorar las ventas o los registros en línea y mejorar la retención de clientes. Los objetivos y la estrategia que se elija dependen de las necesidades del negocio.

Planificar las tácticas:

Una vez que se tenga una estrategia de nivel superior que incluya objetivos generales, se debe identificar las tácticas que se desea utilizar. El plan también puede cubrir cualquier otra actividad de marketing que no esté en Internet. Pensar en cómo se va a medir el éxito, construir los mecanismos de retroalimentación y revisiones regulares para que se pueda evaluar el rendimiento de las actividades de marketing digital e identificar las áreas de mejora.

Aceptar un presupuesto:

Una cuidadosa planificación presupuestaria permite evitar que los costos crezcan sin control. Identificar los beneficios que se espera obtener de la inversión en actividades de marketing digital y comparar estos con los costos para desarrollar un análisis de costo / beneficio.

Los elementos del documento del plan de marketing digital

Cuando se redacta un documento detallando el plan de marketing digital se debe incluir los siguientes elementos importantes:

o   resumen ejecutivo
o   análisis de la situación
o   Objetivos y estrategia
o   táctica
o   presupuesto

Resumen ejecutivo

El resumen ejecutivo del plan de marketing digital debe proporcionar una breve sinopsis de toda la estrategia de marketing digital. Debe incluir aspectos destacados de cada sección del resto del documento.

El papel del resumen ejecutivo es proporcionar suficiente detalle para interesar a los altos ejecutivos ocupados y animarlos a comprar en el plan de marketing digital y cómo puede beneficiar al negocio.

Debe ser conciso - idealmente una página en la longitud - fácil de entender, e interesante sin usar el bombo. Es recomendable escribir esta sección del plan después de haber completado el resto.

El resumen debe describir lo siguiente:

o El entorno empresarial
o Las cuestiones clave que han surgido del análisis de la situación
o Los objetivos clave del plan de marketing digital
o Las estrategias y tácticas a utilizar
o Los resultados proyectados y el rendimiento esperado de la inversión

Análisis de la situación

La sección de análisis de situación del plan de marketing digital debe describir el contexto en el que tendrá lugar la comercialización digital. Debe incluir un análisis de los entornos internos (micro) y externos (macro) de la empresa.

Las consideraciones internas incluyen:

o clientes
o Mercado, y cualquier tendencia en este
o Propuesta en línea actual
o competidores

Las consideraciones externas podrían ser:

o Social - cómo cambiar las actitudes de los consumidores podría afectar el enfoque
o Jurídico, es decir, el cumplimiento de las leyes de comercialización digital,

- o Ambiental - por ejemplo, asegurarse de que el enfoque es ético y sostenible
- o Político - cómo el gobierno local o nacional podría impactar en el plan
- o Tecnológico - cómo los avances en tecnología podrían afectar el mercado

Hay modelos que ayudan a considerar estos factores, como un análisis PEST y FODA.

Una vez que se haya considerado cada uno de estos, se debe llevar a cabo un análisis digital específico que muestra las fortalezas, debilidades, oportunidades y amenazas del negocio, siendo el FODA el modelo recomendado para esta tarea.

Siempre que sea posible, se deben utilizar datos cualitativos y cuantitativos para apoyar el análisis, así como imágenes y gráficos para ilustrar los hallazgos.

Objetivos y estrategia

Los objetivos que se decidan en el negocio para la comercialización digital deben ser SMART (específico, mensurable, alcanzable, relevante y oportuno, por sus siglas en inglés). Un ejemplo de un objetivo de marketing digital SMART podría ser generar 30 nuevas oportunidades de ventas por mes.

Al definir los objetivos de marketing digital, se debe pensar en cómo se alinearán con los objetivos del negocio en general y los indicadores clave de rendimiento. Se recomienda observar el rendimiento de la medición y establecer los objetivos.

También se debe considerar cuál será el retorno de la inversión - esto es probable que sea financiero, pero también podría incluir, por ejemplo:

o Una tasa de conversión mejorada
o Mayor conciencia de marca
o Un aumento en las visitas al sitio web
o Una mayor cuota de mercado
o La forma de medir el éxito del plan dependerá de los objetivos generales de negocio y marketing. Esto será diferente de un negocio a otro.

El plan necesita mirar todo el viaje del cliente - es decir, cómo un cliente se dará cuenta de la marca, por qué entonces quieren visitar el sitio web y, finalmente, con qué facilidad podrán hacer una compra o registrarse una vez en el sitio. Esto se puede resumir simplemente como conciencia, adquisición y conversión. Diferentes tácticas en línea soportarán diferentes partes de este viaje del cliente.

Estrategia

Una vez que se hayan definido los objetivos, se debe proporcionar un resumen de la estrategia, que muestra cómo va a utilizar el marketing digital para alcanzar los objetivos. Esto debe resumir el "panorama general" y llevar naturalmente a la siguiente sección del plan, en el que se definen las tácticas que se desea utilizar.

Tácticas

La sección de tácticas del plan de marketing digital describirá cómo se implementará la estrategia y se definirán los canales y las herramientas que se utilizarán. Se debe definir lo que se espera lograr utilizando cada táctica, cómo se relaciona con los objetivos principales y cómo se va a medir su rendimiento.

Las tácticas deben incluir:

- Un resumen de la mezcla de marketing digital - ¿qué canales se utilizarán?
- Las razones por las que se ha elegido cada canal y los detalles de la implementación.
- La segmentación de clientes que se utilizará y cómo se dirigirá cada canal
- Un resumen de las métricas que se utilizarán para medir el rendimiento de cada canal
- Qué indicadores clave de rendimiento se utilizarán para evaluar el rendimiento
- Canales de marketing digital

Hay una serie de canales de marketing digital y la táctica que puede considerar:

- correo de propaganda
- buscar optimización del motor
- Pago por clic y publicidad de búsqueda pagada
- Marketing móvil y m-commerce
- medios de comunicación social
- El propio sitio web o tienda en línea
- Mercados en línea

La presentación de la táctica en una tabla ayudará a hacer el resumen más fácil de leer. También puede ser útil agrupar tácticas por objetivo:

- Las actividades de sensibilización tienen como objetivo aumentar la conciencia de la marca o mensaje o Tácticas de adquisición se centran en ganar más clientes

o Las tácticas de conversión buscan aumentar las ventas en línea o las inscripciones

Si se está empleando una agencia para llevar a cabo partes específicas del marketing digital, se debe alimentar a esta sección.

Presupuesto

La sección final del plan de marketing digital describirá el presupuesto para lograr los objetivos. Esto se presenta mejor como una hoja de cálculo única, proporcionando detalles específicos sobre:

o Lo que se planea gastar en general

o Cómo se desglosará esto a lo largo de las tácticas durante un período fijo

o Cualquier indicador de desempeño financiero clave o hitos que se deben cumplir

o Retorno potencial de la inversión a través de los canales

o Un resumen de los beneficios proyectados - que puede utilizarse en el resumen ejecutivo

El resumen de los beneficios proyectados debe incluir estimaciones de la cantidad de tráfico que se generará de cada táctica y el número de perspectivas que probablemente se convertirán. Tratar de respaldar las estimaciones con cifras siempre que sea posible. Esto ayudará a justificar la mezcla de tácticas que se ha elegido.

También se debe incluir un análisis de las ventas proyectadas, a través de las tácticas, y el beneficio que cada uno generará. Esto ayudará a cuantificar el beneficio neto del plan general de marketing digital.

Consideraciones legales en el marketing digital

Hay una serie de regulaciones que se refieren específicamente a la comercialización digital. Se necesita mantenerse al tanto de los desarrollos en esta área para asegurarse de que se está cumpliendo con las diversas reglas.

Regulaciones en Email y SMS marketing

Hay reglas que cubren correos electrónicos de marketing y mensajes SMS a las personas.

El Reglamento de Privacidad y Comunicaciones Electrónicas introdujo un procedimiento de consentimiento para correos electrónicos comerciales, lo que significa que sólo se puede dirigir a las personas que han aceptado ser contactadas.

Las reglas sólo se aplican a los nuevos clientes. Se puede continuar comercializando a los clientes existentes, siempre y cuando puedan optar por no recibir mensajes futuros y los mensajes de marketing cubran productos y servicios similares.

También se debe marcar claramente los correos electrónicos con los datos de contacto e incluir una dirección de correo electrónico de devolución válida.

El sitio web y las redes sociales

Todos los sitios web deben llevar la dirección registrada de la empresa y el número de registro de la empresa.

Se debe considerar la posibilidad de incluir términos y condiciones de uso y un descargo de responsabilidad para el sitio web. Se debe ser consciente de las implicaciones legales de los medios de comunicación social.

Uso de cookies

Las cookies son archivos de texto que se almacenan en la computadora de un usuario cuando visitan un sitio web que los usa. Posteriormente, la cookie envía información al sitio web y puede utilizarse para supervisar las preferencias de navegación de los usuarios, por ejemplo, los tipos de artículos buscados, las páginas visitadas y la duración del tiempo de permanencia en cada página.

Desde el 26 de mayo de 2011, las empresas deben informar a los visitantes de su sitio web que utilizan cookies y obtienen su consentimiento. También se debe indicar a los usuarios del sitio cómo usar las cookies.

Casos de éxito del e-commerce

El e-commerce (Comercio Electrónico) permite la distribución, venta, compra, marketing y suministro de información de productos o servicios a través de Internet.

Este término se aplicaba a la realización de transacciones mediante medios electrónicos, como por ejemplo el intercambio electrónico de datos. A mediado de los 90, con la introducción de la Internet, inició el concepto de venta de servicios por la red, utilizando como forma de pago medios electrónicos como las tarjetas de crédito; por lo que actualmente, las organizaciones se preocupan por mantenerse a la vanguardia y poder ofrecer lo que sus clientes demandan.

El objetivo final de los sitios de comercio electrónico, es cerrar la operación electrónicamente con el pago (y en la mayoría de los casos con la entrega), siendo estos procesos realizados por Internet. Sin esta transacción no se podría hablar de e-commerce; lo que realmente importa es que la transacción afecte la cuenta de resultados de cualquier negocio, convirtiéndose en un gran generador de utilidades. Normalmente, este tipo de sitios incluye información detallada de los productos/servicios, fundamentalmente porque los visitantes apoyarán su decisión de compra en función de la información obtenida y de la percepción de confianza y solvencia que el sitio web haya generado respecto a la empresa.

e-commerce se caracteriza por los modelos de negocio Business to Business (BtoB) y Business to Customer (BtoC). El cliente está familiarizado con el modelo BtoC para banca; seguro, así como compra en línea, reserva en línea, realiza transacciones en línea, etc. que se han convertido en modos muy populares y aceptados en la vida cotidiana. También en el BtoB, las organizaciones comerciales han rediseñado sus procesos comerciales, que incluyen publicidad, marketing, gestión de pedidos de venta, además de la gestión de la cadena de suministro y la gestión de la relación con el cliente para adaptarse al modo de comercio electrónico.

De acuerdo a lo anterior, por ejemplo, Dell, a través de un buen Plan de Marketing Digital, ha adaptado con éxito el modelo de "venta en línea" a escala global. Permite a los clientes "configurar el modelo" y "Realizar pedidos en línea". Una vez que la transacción se ha llevado a cabo con éxito y se ha recibido el pago, Dell ejecuta el pedido y garantiza que los productos DELL se entreguen a la puerta del cliente dentro de los siete días hábiles. DELL no solo ha utilizado con éxito el comercio electrónico como su principal canal de venta, sino que ha puesto en marcha el proceso "Construido para ordenar" en el que el equipo se ensambla según el pedido específico del cliente y se entrega directamente al cliente. Al integrar e-commerce y su proceso de fabricación, DELL ha logrado deshacerse de los inventarios y ha logrado reducir sus costos.

Otro caso es el de la banca en línea, banca móvil, débito, tarjetas de crédito, cajeros automáticos, transacciones en línea y otras transacciones comerciales, todo esto ha crecido y ha sucedido como resultado del avance tecnológico en términos de comunicación, tecnologías de software y hardware. Desde el momento en que se conectó a Internet utilizando una computadora de escritorio, un modelo y una línea telefónica hasta la tecnología Wi-Fi actual, se permite comprar y vender con solo presionar un botón, existiendo con ello una mayor comunicación entre la banca y el cuenta habiente, facilitando en mayor medida la mayoría de las transacciones que se puedan realizar entre la empresa y el cliente.

Para la empresa del Siglo XXI, migrar a la nueva economía neta es una necesidad. Aquellas empresas que han logrado sintonizar con éxito al cliente en Internet han logrado tener éxito, tal es el de Domino's, Wal Mart, Amazon y EBay, etc.; cuya diferencia entre las demás empresas es que estas han logrado hacer crecer sus modelos de negocios para satisfacer a los clientes que usan las tecnologías de la información y las comunicaciones. Los modelos comerciales centrados en el cliente han sido el sello distintivo de su éxito. Se puede decir que el diferenciador clave es una combinación de tecnología, así como un enfoque empresarial centrado en el cliente.

Otro caso es el de la correspondencia/mensajería. La disponibilidad de seguimiento y rastreo de un envío que es provisto por compañías como DHL, FEDEX y UPS le da el poder de información al cliente permitiéndole tomar decisiones clave con la ayuda de la información disponible. Dependiendo de la urgencia o la necesidad de la hora, puede trabajar con la empresa de mensajería para cambiar el modo de entrega, elevar el envío de manera urgente y cumplir con el plazo de entrega de su cliente. Para exportadores de flores, exportadores de artículos de fruta y productos perecederos, dicha información puede ayudar a lidiar con situaciones de hacer o deshacer.

El e-commerce no se restringe solo a situaciones como los casos arriba mencionados. Es sorprendente saber que hay clientes que están adquiriendo automóviles en línea. Esta nueva tendencia ha llevado a los concesionarios de automóviles y a los fabricantes a sentarse y tomar nota de los cambios en el comportamiento del comprador. Internet es un medio que transfiere el poder de la información a los usuarios. En este caso, el proceso de compra depende en gran medida de la información. El hecho de que Internet es capaz de proporcionar información detallada, comparación y todos los detalles en el modo interactivo y multimedia, los clientes les resulta muy fácil navegar por la red en busca de información sobre los automóviles. La comparación de especificaciones, modelos y especificaciones técnicas es más fácil en Internet para recuperar toda la información sobre varias marcas que se puede hacer con el clic de un botón. Toma unos minutos obtener toda la información que se está buscando. Normalmente, este proceso habría llevado varias semanas para que el interesado compilara información. Además del precio del automóvil, hay varios otros factores que entran en la compra de un automóvil. En el proceso de compra, el financiamiento del automóvil, la garantía y el seguro también son los principales determinantes.

En la actualidad, las ventas de automóviles han tomado la ruta del e-commerce; los sitios web ofrecen una solución integral a los clientes para comprar el automóvil de su elección. Estos sitios web no son del concesionario, sino que funcionan como un intercambio que se relacionan con concesionarios, agencias de seguros y proveedores de accesorios y otros proveedores relacionados. Existen sitios web, como Kelley Blue Book y Edmunds.com, que brindan a los individuos la información de precios para cada modelo de automóvil en el mercado. Permite a las personas hacer su investigación, comparar precios y modelos para llegar a su automóvil elegido. Entonces, todo lo que se tiene que hacer es completar el formulario detallado en línea y registrarse. Después, el intercambio se pone en contacto con los distribuidores pertinentes en el área en particular y obtiene las mejores cotizaciones para el automóvil, el seguro y los esquemas de financiamiento, lo que permite que el cliente seleccione la mejor oferta.

El hecho de que las personas estén comprando automóviles a través de estos sitios web muestra que el comportamiento de compra y las preferencias de los clientes están cambiando. El comercio electrónico brinda alternativas. Esto plantea la pregunta a los concesionarios de automóviles y a los fabricantes sobre el futuro de sus modelos comerciales. Deben tomarse su tiempo para comprender a los clientes conocedores de Internet, su comportamiento, su concepto de valor y re diseñar las estrategias de marketing. Este cambio requiere la reingeniería de toda la organización comercial hacia el mercadeo en línea y la venta en línea.

En el caso de la Industria Hotelera, la rápida difusión en el uso de Internet y el aumento en el acceso al e-commerce y las reservas en línea definitivamente han sido una gran oportunidad para la industria de la hospitalidad. La creciente incidencia de huéspedes que reservan sus habitaciones de hotel en línea no solo ha mejorado la tasa de reserva de los hoteles, sino que también les ha permitido repartir grandes descuentos a los clientes que de otro modo tendrían que ser compartidos con las agencias de viajes y otros intermediarios. En otras palabras, la llegada de la reserva en línea ha sido una situación de ganar-ganar para los hoteles y los clientes. Luego, con tantos invitados de todo el mundo acudiendo en masa a Internet para reservar sus habitaciones y planificar sus itinerarios, los hoteles recurren a la comercialización en línea de sus productos. Esto tiene el efecto de llegar a una base de invitados más amplia ya que los hoteles no necesitan restringir sus esfuerzos de comercialización a lugares cercanos y la geografía ya no es un factor limitante para los hoteles. La globalización, ha permitido acortar las distancias, donde los proveedores de servicios y los clientes se unen a través de Internet, independientemente de dónde se encuentren y de dónde quisieran realizar transacciones comerciales. Del mismo modo, el marketing en línea de los hoteles tiene la ventaja de que los hoteles lleguen a clientes de todo el mundo y, a su vez, los turistas y viajeros de negocios de cualquier lugar pueden reservar sus habitaciones de hotel en cualquier lugar sin ninguna restricción.

El marketing en línea de los hoteles tiene la ventaja añadida de mejorar la imagen de marca del hotel al garantizar que las reseñas de los clientes de los hoteles y la deslumbrante comercialización de los hoteles tengan el efecto deseado de mejorar la reputación de los mismos. Como la mayoría de los clientes aplica recomendaciones de boca en boca que influyen en el comportamiento del consumidor, las reseñas favorables de los hoteles en sitios como Make my Trip, Travel Advisor, Trivago y otros agregadores de contenido tienen el efecto de que más clientes reserven habitaciones en los hoteles que atraen comentarios positivos. de clientes satisfechos. Por el contrario, los hoteles que tienen clientes descontentos que escriben críticas negativas no están de acuerdo con los nuevos clientes. Este "boca a boca electrónica" que ocurre debido a los sitios web de viajes y sitios web dedicados a clientes de todo el mundo que podrían estar planeando sus viajes a diversos destinos ha contribuido en gran medida a los clientes leales y los clientes que regresan a los hoteles que actualizan la satisfacción del cliente.

Conclusiones

La comercialización del Siglo XXI, busca que la gerencia de las empresas desarrollen su habilidad para hacer un cambio de paradigma en el pensamiento de negocios. En el entorno actual, donde la tecnología y los escenarios empresariales globales están cambiando, las reglas comerciales se están reescribiendo. No hay negocios que no se hayan visto afectados por las tecnologías de la información y las organizaciones. Actualmente, se empieza a ver un cambio y una transición de las empresas orientadas a la producción y los productos a las organizaciones comerciales de alta tecnología, información y servicios. Las expectativas de las organizaciones por parte de sus gerentes y administración están cambiando, manteniéndose en línea con la necesidad de adaptarse al entorno externo.

Las organizaciones deben construir la capacidad de asimilar las nuevas tendencias, adaptarse a sí mismas, sus productos y negocios para poder sobrevivir a la nueva forma de comercializar.

En los tiempos futuros, el cambio será constante. La velocidad de adaptación y cambio determinará el éxito de las organizaciones. Los gerentes deben ser futuristas y ser capaces de entender las tendencias tecnológicas y proponer nuevos módulos y organizaciones empresariales. La inversión continua en la e-tecnología, se centra en proporcionar nuevas entregas de servicios a los clientes frente a la competencia y aprovechar la tecnología para diferenciarse de la multitud, será la expectativa de los gerentes comerciales.

Hacer negocios en la plataforma de la Internet, brinda una dimensión diferente al negocio. Los gerentes deben enfocarse no solo en crear la estrategia de e-Marketing, sino en implementarla de manera efectiva y en construir el modelo e-business adecuado para respaldar la iniciativa de comercio electrónico. Cuando la supervivencia comercial de hoy en día depende de aumentar la cuota de mercado, reduciendo los costos, creando una relación con los clientes para mejorar el valor del servicio y generar lealtad, la única forma de que esto se pueda lograr es mediante la adaptación de la e-marketing. La construcción de un modelo de negocio efectivo exige la integración de tecnologías, la graduación continua y las inversiones comprometidas en la arquitectura de tecnologías de la información y las comunicaciones.

En general, el marketing digital es un medio eficaz de impulsar las ventas en cualquier industria. Hay otros medios que pueden ser utilizados, como la publicidad en la aplicación para móviles y sociales, pero estos son los más comunes en este momento.

La era actual de Internet ha abierto una puerta de gran variedad de oportunidades para las empresas. Usando las redes sociales, uno no sólo puede compartir una imagen privada de su cumpleaños sino también ganar clientes para su negocio y llegar a ellos convenientemente. La velocidad y facilidad con que los medios digitales transmiten información y ayudan a impulsar un negocio es increíble.

Por todo lo anterior, el marketing digital se puede conceptualizar como el término utilizado para el marketing objetivo, mensurable e interactivo de productos o servicios que utilizan tecnologías digitales para llegar a los espectadores, convertirlos en clientes y conservarlos.

Todo ello, a través de la elaboración de un Plan de Marketing Digital que ayude a posicionar el producto o servicio en las mejores condiciones de la mercadotecnia.

En el Siglo XXI, ningún negocio, ya sea de empresa a empresa o de empresa a cliente, puede ignorar el enorme mercado en línea que existe en Internet. El comercio electrónico es inevitable. Los mercados físicos literalmente han sido reemplazados por mercados virtuales. El e-commerce ha tenido un gran impacto en las organizaciones empresariales porque ha redefinido el mercadeo. El comercio electrónico hace posible que los vendedores lleguen a los mercados y consumidores de todo el planeta, cambiando así la forma en que se llevan a cabo los negocios.

El e-commerce se ha convertido en un importante proceso comercial para organizaciones globales y multinacionales. La mayoría de las empresas multinacionales dependen de la "venta en línea" y de la "contratación en línea" a escala mundial. El comercio electrónico les ha posibilitado el acceso a los mercados mundiales y el suministro de materias primas de todo el mundo. Además, este concepto redujo drásticamente el costo de las ventas y el de las compras. En el mundo de los consumidores, los sectores de seguros, banca, aerolíneas y hotelería se han beneficiado del modelo de venta del e-commerce.

El comercio electrónico es una realidad. Varias tecnologías, plataformas, agencias y redes múltiples hacen posible que el e-commerce ocurra.

Referencias

Alcaide, J. C., Bernués, S., Díaz-Aroca, E., Espinosa, R., Muñiz, R., & Smith, C. (2013). *MARKETING Y PYMES, Las principales claves de marketing en la pequeña y mediana empresa*. Marketing Y Pymes.

Alonso Coto, Manuel. Plan de Marketing Digital -Blended Marketing como integración de acciones on y offline. Madrid: Pearson Educación S.A., 2008.

aspectos-legales-en-redes-sociales/

Chaffey, D., Smith, P. R., & Smith, P. R. (2013). eMarketing eXcellence: Planning and optimizing your digital marketing. Routledge.

González, R. M., & de la Torre, V. M. (2001). Marketing en el Siglo XXI. Centro de Estudios Financieros.

Guaña-Moya, E. J., Quinatoa-Arequipa, E., & Pérez-Fabara, M. A. (2017). Tendencias del uso de las tecnologías y conducta del consumidor tecnológico. Ciencias Holguín, 23(2).

http://comunidad.iebschool.com/iebs/marketing-digital/plan-de-marketing-digital/

http://experienciamk.com/

http://infosol.com.mx/wordpress/tag/beneficios-marketing-digital/

http://magentaig.com/analisis-foda-conoces-realmente-sus-beneficios-para-tu-empresa-o-marcas/

http://mdi360.cl/blog/los-enormes-beneficios-del-sem-marketing-para-tu-negocio/

http://www.aercomunidad.org/formacion/cursos-social-media-intensivos/curso-de-

http://www.blogadsl.com/internet/las-estrategias-de-marketing-online-de-las-empresas

http://www.createch540.com/blog/community-managers-aspectos-legales-a-tener-en-cuenta/

http://www.elfinancierocr.com/economia-y-politica/Contraloria-emial-correo_electronico-notificaciones-via_0_1199280078.html

http://www.involtoweb.com.mx/crm-y-erp/

http://www.telcel.com/empresas/soluciones/marketing-y-comunicacion/sms-masivo

http://www.vismedica.es/aviso-legal/

https://es.slideshare.net/existaya/5-pasos-para-desarrollar-un-plan-de-marketing-digital

https://ignaciosantiago.com/entendiendo-las-cookies-o-el-rastro-que-dejas-en-la-red/

https://plus.google.com/109428283914008706918

https://s-media-cache-ak0.pinimg.com/originals/de/54/56/de545651611ddd0f7ee942a778a7590a.png

https://userscontent2.emaze.com/images/4df1b9bd-1560-4e57-
a744-14486b38389a/712a7091-8769-431d-b399-eca7c1cf9d16
image12.png

https://www.entrepreneur.com/article/268600

Lamberton, C., & Stephen, A. T. (2016). A thematic exploration of
digital, social media, and mobile marketing: Research evolution
from 2000 to 2015 and an agenda for future inquiry. Journal of
Marketing, 80(6), 146-172.

París, J. A. (2017). Marketing esencial: Un enfoque latinoamericano.
Errepar.

Ryan, D. (2016). Understanding digital marketing: marketing
strategies for engaging the digital generation. Kogan Page
Publishers.

Strauss, J., & Frost, R. D. (2016). E-marketing: Instructor's Review
Copy. Routledge.

Wind, J., & Mahajan, V. (2002). Digital marketing. Symphonya.
Emerging Issues in Management, (1), 4